ro
ro
ro

Gyalwang Drukpa lehrt uns, das Schöne im Hier und Jetzt zu erkennen und es mit dem eigenen Selbst zu verbinden. Sich selbst zu lieben, heißt, andere und das Leben zu lieben. Anhand von praktischen Übungen und Meditationen wie auch faszinierenden persönlichen Anekdoten leitet Seine Heiligkeit uns an, alte Weisheiten auf moderne Lebensumstände anzuwenden, sich von Ego und Stress zu verabschieden, Wut in Mitgefühl umzuwandeln und Angst in Mut.

Seine Heiligkeit Gyalwang Drukpa ist das Oberhaupt der Drukpa-Kagyü-Schule des tibetischen Buddhismus und inspiriert Millionen von Schülern weltweit. Er steht für einen modernen Buddhismus, ist aktiv auf Facebook und Twitter und hat auch einige prominente Anhänger wie Richard Gere und Cameron Diaz.

SEINE HEILIGKEIT
GYALWANG DRUKPA
MIT KATE ADAMS

ERLEUCHTUNG JEDEN TAG

Der Weg zum inneren Frieden

Aus dem Englischen
von Diane von Weltzien

Rowohlt Taschenbuch Verlag

Die englische Originalausgabe erschien 2012 unter dem Titel
«Everyday Enlightenment. Walking the Path to Happiness in
the Modern World» bei Michael Joseph, Penguin Group, London.

Deutsche Erstausgabe
Veröffentlicht im Rowohlt Taschenbuch Verlag,
Reinbek bei Hamburg, September 2014

Umschlaggestaltung ZERO Werbeagentur, München
Umschlagabbildung FinePic, München
Satz Legacy Serif, InDesign, bei
Pinkuin Satz und Datentechnik, Berlin
Druck und Bindung CPI books GmbH, Leck
Printed in Germany
ISBN 978 3 499 63035 4

INHALT

3.
Hindernisse auf dem Weg überwinden

Willkommen

Eine Reise zu heiligen Stätten ist bei den Anhängern unterschiedlichster spiritueller Traditionen üblich. Christen pilgern nach Bethlehem, Juden nach Jerusalem, Muslime nach Mekka und wir Buddhisten zum Dach der Welt und den verschiedenen Orten, die durch die Gegenwart Buddhas und der Generationen erleuchteter Meister nach ihm Segnung erfahren haben.

Ich liebe das Gehen im Verlauf dieser Pilgerreisen. Gelegentlich organisiere ich eine «Pad Yatra», eine Gehmeditation für meine Schüler und Freunde. Bei solchen Wanderungen gehen wir ein paar Wochen gemeinsam durch Täler und über Berge. Oft nutzen wir die Gelegenheit, um Plastikflaschen und anderen Müll am Wegesrand aufzusammeln oder um abgelegene Dörfer zu besuchen, deren Bewohner nur selten Fremde zu Gesicht bekommen.

Solche Pilgerreisen führen vom *Ich* zur *Selbstlosigkeit.* Wir können das Leben bei geringer Geschwindigkeit erfahren und die Schönheit in den einfachen Dingen erkennen. Wir haben genug zu essen für den Weg und für die Nächte ein Dach über dem Kopf. Wir sind für alles offen, was uns auf unserem Weg begegnet. Wir erkennen uns als Bestandteil der Natur, wir *sind* die Natur. Statt aufs Gas zu treten und geistesabwesend an den Details des Lebens vorbeizueilen, nehmen wir wahr, wie andere Menschen leben, wie sie interagieren und wie die Sonne auf- und untergeht. Letztlich sind es nur mein Ich und mein Bewusstsein, die einander aufrichtig ansehen.

Ich hoffe, dass ich dich eine Weile auf deinem besonderen Weg begleiten darf. Vielleicht hast du ebenfalls Lust, dich der Gruppe anzuschließen, die ich scherzhaft Schildkrötenklub getauft habe? Ich habe diesen Klub für meine Freunde und Schüler gegründet, die während des Pad Yatra das Tempo in ihrer eigenen Gruppe nicht halten konnten. Mit der Zeit ist mir klar geworden, wie gut es sich anfühlt, diesem Klub anzugehören und wie gerne ich sein Vorsitzender wäre!

Mir gefällt die Welt, wie sie heute ist. Sie gibt uns so zahlreich Gelegenheit, großzügig zu sein und einander zu inspirieren. Im Alltag geraten wir zu leicht in Stress und kommen nicht dazu, dem Leben die richtige Wertschätzung entgegenzubringen. Unser Geist wird ruhelos und wirr. Wir laufen Zukunftsträumen und Hoffnungen nach oder vor Dingen aus unserer Vergangenheit davon. So verlieren wir den Kontakt zum Leben, zu uns selbst, und vergessen, Freude an der Reise selbst zu haben. Oder aber uns kommt das Vertrauen in unsere Welt abhanden. Es gibt so viele Fragen, die bedacht werden müssen, dass wir unsere Scheuklappen aufsetzen und blind werden für die Möglichkeiten, mit denen wir einen Wandel herbeiführen können und die sich nicht selten direkt vor unserer Nase befinden. Wir lassen uns von unserer vorgefertigten Weltsicht vereinnahmen. Und wenn die Welt sich dann nicht in das Bild unserer Wünsche und Vorstellungen einfügt, lassen wir uns von Frustration und Sturheit übermannen, vergessen, flexibel zu sein und nachzugeben, und das Leben wird anstrengend.

Ich meine, wir sollten gelegentlich die Überholspur verlassen und einen Blick in die Ferne riskieren. Deshalb muss ich so oft an den Schildkrötenklub denken. Wenn wir ein paar Gänge herunterschalten, dann haben wir mehr Zeit, um das wirklich Wichtige zu tun. Wir können uns umsehen und all die Details wahrnehmen. Wir fühlen uns verbunden mit unserem Körper, mit unserem Geist, mit all den Menschen in unserem Leben und mit der Welt um uns herum. Denn *alles* in diesem Leben steht im Kontakt mit allem – es kommt darauf an, wie wir diese Verbindungen wahrnehmen und wertschätzen. Damit uns das gelingt, müssen wir lernen, alles ein wenig leichter zu nehmen und die Landschaften des Lebens in uns aufzunehmen. Es ist leichter, gemeinsam mit anderen in einem entspannten Tempo zu wandern, und wie von selbst entwickeln wir größeres Durchhaltevermögen. Wir können uns beim Gehen unterhalten und feststellen, was unser Interesse weckt und was uns wirklich inspiriert. Wir haben sogar Zeit, andere zu inspirieren. Bisher erfreut sich dieser gemächlichere Weg keiner besonderen Beliebtheit. Wir leben in einer wettbewerbsorientierten Welt, die uns zwingt, *der* Beste zu sein, obwohl es im Leben doch eigentlich nur darum geht, heute *mein* Bestes zu geben, denn das ist es, was wirklich zählt.

Die Lektüre dieses Buches gibt dir die Gelegenheit, aus der Überholspur des Lebens auszuscheren und dich umzusehen, dein Verstehen zu vertiefen, den Kontakt erst zu dir selbst und dann zu anderen zu erneuern. Möglicherweise entdeckst du oder erhältst Zugang zu deinem tieferen Lebenssinn und zu deinen wirklichen Zielen. Anders gesagt, ich möchte dich mit diesem Buch daran erinnern, dein Leben in Mitgefühl zu führen und dir selbst liebevoll zu begegnen, damit du mit anderen ebenso liebevoll sein kannst. Das Buch soll dir helfen, deinen umherirrenden Geist zu beruhigen und dich sowohl von den eigenen Urteilssprüchen und Vergleichen wie auch von denen anderer zu befreien.

Wenn wir die Überholspur verlassen, um uns von Urteilssprüchen zu befreien, dann können wir die Welt wirklich wahrnehmen und Verständnis für sie entwickeln. Im Zentrum dessen, was in unserem Leben und in der uns umgebenden

Welt gut ist, steht *Verstehen*. Wenn wir anderen Menschen mit Verständnis begegnen, dann können wir uns in ihre Lage versetzen, die Dinge aus ihrer Perspektive sehen und erkennen, dass wir alle im gleichen Boot sitzen. In uns entsteht ein großes Gefühl von Freiheit. Gegenwärtig leben so viele Menschen in Angst oder machen sich Sorgen. Wir wohnen in einer Welt, in der es überaus wichtig ist, alles unter Kontrolle zu haben. Entweder haben andere die Kontrolle über uns oder aber wir selbst wollen permanent die Kontrolle haben. Dieser ständige Kampf kann niemals zu Freiheit oder Glück führen, stattdessen produziert er verfehlte Erwartungen und Enttäuschungen. Ehemänner haben die Kontrolle über Ehefrauen, Ehefrauen haben die Kontrolle über Ehemänner. Eltern haben die Kontrolle über ihre Kinder und, was gar nicht mehr so selten ist, Kinder haben die Kontrolle über ihre Eltern. Wir haben verlernt, frei und wir selbst zu sein, oder aber wir fühlen uns einsam oder traurig, sobald wir einmal für uns sind – wenn wir uns selbst ins Angesicht blicken müssen, dann machen wir uns Sorgen, was wir dort wohl sehen werden.

Das Glanzlicht meines Lebens ist meine Fähigkeit zur *Ergebenheit*. Sie gestattet es mir, mich jeder Minute zu erfreuen, ganz egal, in welchen Umständen ich mich gerade befinde und vor welche Herausforderungen und Schwierigkeiten ich mich gestellt sehe. Akzeptanz hilft mir, Urteilssprüche und Vergleiche aufzugeben, sie hilft mir zu wissen, dass ich gut genug bin, solange ich in meinem Leben mein Bestes zu geben versuche. Dieses Gefühl des inneren Friedens hoffe ich, mit der Hilfe der Wörter in diesem Buch an dich weiterzugeben. Du musst nicht perfekt sein, und du brauchst auch andere nicht unter Druck zu setzen, damit sie es sind. Die Einsicht, dass wir so, wie wir sind, vollkommen in Ordnung sind, nimmt uns die Angst, und wir können uns von all dem Unsinn befreien, unser Leben leben und dafür sorgen, dass diese Welt ein besserer Platz wird. Auf diese Weise gelingt es uns am ehesten, Glück in unsere Herzen zu bringen.

Schritte auf dem Weg

Jeder von uns hat seinen eigenen Weg. Damit du deinen Weg zur Erleuchtung findest, musst du zunächst daran arbeiten, dein Verständnis und Wissen zu vergrößern. Auf dieser Basis kann sich in der Folge deine Haltung entwickeln, du kannst aktiv werden und im Alltag deine Vorstellungen in die Praxis umsetzen.

Nach und nach wird dein Geist seine natürliche Klarheit und Strahlkraft zurückerlangen. Es gelingt dir, in der Hektik des Alltags zu verschnaufen und Raum zu schaffen, damit du mit dir selbst in Kontakt treten und Reparaturen vornehmen kannst unter Anwendung der Methoden, die ich in diesem Buch vermitteln will. Du wirst einen echten Zugang zu dir finden und all die Schichten aus Ego, Vereinnahmung und verzehrenden Emotionen abschälen, die sich zwischen dich und deinen Wesenskern stellen. Dieser Wesenskern ist dein wahres Selbst, das noch immer wie ein Kind über die Kostbarkeit des Lebens staunen kann.

Unsere moderne Lebensweise verleitet uns dazu, alles außerhalb von uns selbst zu suchen, egal ob es sich um materiellen Besitz oder die Anerkennung unserer Leistungen oder Erfolge handelt. Wir sind sogar bereit, unsere eigene Identität durch die Augen anderer zu definieren. Wir übernehmen und spielen Rollen. Wir lassen unsere Stimmungen beeinflussen und suchen unser Glück am falschen Ort. Doch jetzt erhältst du die Gelegenheit, du selbst zu sein. Wenn du begreifst, wie wichtig es ist, dir selbst liebevoll zu begegnen, dann wird es dir ganz natürlich vorkommen, auch deine Angehörigen, deine Nachbarn und schließlich alle Lebewesen zu lieben.

Alles ist in dir

Auf deinem Weg wirst du lernen, einengende Bindungen zu lösen und Erwartungen, Wünsche und Bedürfnisse loszulassen. Du wirst die große Freiheit spüren, die darin liegt, am Ende des Tages mit leeren Händen dazustehen, und erkennen, wie wunderbar es ist, einfach nur ein Mensch zu sein.

Dieses Loslassen verschafft dir Zeit, befreit dein Denken und erneuert deine Energie. Stell dir vor, wie viel Platz du in deinem Kopf hast, wenn du all die Sorgen, Unsicherheiten und Hemmungen daraus verbannst. Du wirst herausfinden, was dich inspiriert. Du wirst genug Raum und Freiheit haben, um zu wachsen und dich auszuprobieren und damit andere zu inspirieren. Wir werden dein Ego kennenlernen, diese zerbrechliche und zugleich erdrückende Maske, die ein jeder von uns trägt und die wir vorsichtig abschälen wollen, damit wir zu deinem wahren Ich gelangen und herausfinden, was dich aus deinem Kern heraus antreibt.

Du wirst deine persönlichen Lehrer kennenlernen, die Menschen, die dir Wärme und Ermutigung schenken und deshalb deine Wertschätzung verdient haben. Und was ebenso wichtig ist: Du wirst Menschen begegnen, die leider negativ auf dich wirken und du auf sie. Wenn du von diesen Einflüssen einen Schritt zurücktrittst, und sei es nur im Geiste, dann können dein Mitgefühl und deine Geduld wachsen.

In der Folge wird es dir möglich sein, deine Haltung zu entwickeln, den Willen, gut zu *sein* und Gutes zu *tun*, dich am Wohlergehen anderer zu erfreuen und großzügig zu sein, statt immer nur auf deine eigenen Wünsche zu hören, Bescheidenheit und Geduld zu bekunden und mit Liebe und Freundlichkeit zu handeln. Für deine Entwicklung brauchst du große Geduld, denn sie steht im Mittelpunkt der Suche nach deinem Weg und der Freude am Leben im Alltag. Um einen Anfang zu machen, ist *jetzt der richtige Augenblick* gekommen.

> ***Glück wird niemals weniger, wenn man es teilt.***
> *Buddha*

Das Geheimnis des besonderen Wegs besteht darin, dass du, indem du dich um andere kümmerst, gut für dich selbst sorgst. Und damit du dich um andere kümmern kannst, musst du aus einer Position der Großzügigkeit an dich selbst und an dein Wohlergehen denken. Es ist ein Kreis gegenseitiger Abhängigkeit und Verbindung: Wir müssen uns um andere kümmern, damit wir gut für uns selbst sorgen, und wir müssen gut für uns selbst sorgen, damit wir uns um andere kümmern. Beides ist erforderlich, wenn wir den besonderen Weg beschreiten und einander dienlich sein wollen. So ist die Vereinbarung.

Den Weg beschreiten heißt, Dinge klären, damit du dich entspannen und freudig weitermachen kannst. Du beginnst mit Nachdenken und dann schließt sich die praktische Umsetzung an. Erst in der Praxis fängst du wirklich an zu lernen. Die besten Lektionen des Lebens erhält man, wenn man das Leben lebt. Jeden Tag versuchst du, anderen Menschen ein wenig freundlicher zu begegnen, und du wirst selbst Schritt für Schritt ein freundlicherer Mensch. Diese Praxis erweist sich auf lange Sicht als wirkungsvoll und sorgt dafür, dass der steinige Weg ein bisschen weniger holperig wird.

Erst wenn du verstehst, wie wichtig dein Leben ist, findest du heraus, wie du es verbessern und Sinn finden kannst. Damit dir das gelingt, musst du dich von deinem strengen Blick auf dich selbst und deine Umwelt befreien. *In der nächsten Minute kann alles Mögliche geschehen; das ist das Schöne am Leben.*

Vielleicht bist du mit bestimmten Aspekten deines Lebens unzufrieden, erlebst dich häufig wütend oder nervös oder quälst dich mit Traurigkeit, Reue- und Schuldgefühlen. Möglicherweise bist du auch auf Sinnsuche oder leidest unter der nagenden Frage, ob das denn wohl schon alles gewesen sein kann? Eigentlich willst du dich gar nicht beklagen, aber du ertappst dich dabei, wie du genau das tust, oft wegen nichtiger Anlässe. Oder du hast das Gefühl, dass die Zeit wie im Flug vergeht, ohne dass du sie richtig nutzen kannst; der Tag hat einfach nicht genug Stunden, und trotzdem bist du noch nicht ausgefüllt, und dein Leben fühlt sich einfach nicht richtig an. Du willst allen Mut aufbringen, um dorthin zu gehen, wohin dein Herz dich führt, doch sind viele Erwartungen auf dich gerichtet, und deshalb fürchtest du dich, die falschen Entscheidungen zu treffen. Es fällt dir leichter, Entscheidungen aus dem Weg zu gehen oder den Tag mit sinnloser Geschäftigkeit zu füllen. Aber diese Lebensweise hat ihren Preis. Schließlich fühlst du dich gestresst oder gelangweilt; du bist nicht mehr du selbst.

Ich hoffe, die Lektüre dieses Buches führt dich zu der Erkenntnis, dass das Leben zwar tatsächlich voller Herausforderungen ist, doch du als Mensch *gut genug* bist, um sie zu meistern; nicht besser als andere, aber auch nicht schlechter: eben *du*. Und zu dem Wissen, dass du das Glück nicht sonst wo suchen musst, denn es ist genau da, wo du dich jetzt befindest. Alles ist in dir. Und statt uns darauf zu beschränken, lediglich unser Leiden zu verarzten, steht es uns frei, die eigentlichen Ursachen unserer Wut, Missgunst und unseres Stolzes aufzudecken. Wir haben die Möglichkeit, nach und nach Ballast auch wieder abzuwerfen. Wir können einander an unserem Wissen teilhaben lassen und uns gegenseitig nutzen.

Ich rate niemandem dazu, sich aus dem Leben zurückzuziehen. Vielmehr sollten wir lernen, die aktuelle Welt mit unserem Handeln zu hegen und zu pflegen. Wir dürfen nicht vergessen, dass wir alle aus der Natur kommen, trotz all unserer vermeintlichen Unterschiede. Tief im Inneren sind wir alle gleich. Ich selbst bin optimistisch, wenn ich auf unser «modernes Zeitalter» blicke, denn ich sage mir immer, dass die kommenden Jahre besser als die vorangegangenen sein werden. So ist meine Vorstellung, und ich würde mich freuen, wenn meine Freunde und Schüler ähnlich empfänden. Ich fühle mich der Zukunft nicht verhaftet – schließlich befinde ich mich ja hier und in der Gegenwart –, aber ich bin überzeugt, dass es besser ist, optimistisch zu sein und dem Leben positiv entgegenzutreten. Dann erkennen wir, dass es für alles, was wir als Gemeinschaft durchmachen müssen, gute Gründe gibt.

Viele Menschen sprechen und denken schlecht von der Zukunft und prophezeien, dass sie niemandem etwas Gutes zu bieten haben wird. Unsere Welt ist voll von großem Leid. Dennoch ziehe ich es vor, daran zu glauben, dass sich die Welt verändern kann, dass sie uns, wenn wir einander Liebe und Mitgefühl entgegenbringen, einen besseren Weg bietet.

Es gibt gute Gründe für diesen Optimismus. Das erforderliche Potenzial existiert bereits; schließlich haben wir alle das Glück, Menschen zu sein. Vertraue deinen Mitmenschen, und du vertraust dir selbst. So einfach ist unsere Herangehensweise. Seit etlichen Jahren reise ich in der Welt umher, halte Vorträge und lehre an vielen Orten. Die Erfahrungen, die ich gemacht habe, sind sehr ermutigend. Wenn ich zurückdenke, dann kann ich erkennen, dass sich meine Schüler verändern. Sie sind viel spiritueller geworden, und ich finde, das ist eine ermutigende Veränderung, ein Schritt in die richtige Richtung. Diese optimistische Lebensperspektive wirkt ansteckend.

Ich will nicht behaupten, dies sei eine einfache Reise, die schnell zum Ziel führt. Genauso wie du bin ich ein Anfänger. Ich kann nur jeden Tag mein Bestes tun und nach Lektionen Ausschau halten. Doch möchte ich dich daran erinnern, dass das Leben vor allem eine Segnung für uns bereithält: Wir können die Welt und einander mit Mitgefühl betrachten, mit aufrichtigem Verständnis. Aus unserem Mitgefühl erwacht Freundlichkeit, Großzügigkeit, Geduld und natürlich Glück. Jede andere Segnung im Leben, die man erbitten könnte wie etwa Geld oder Erfolg, einen Partner oder eine Partnerin, ist immer nur von kurzer Dauer. Bitte stattdessen um Einsicht, damit du die Welt verstehen kannst. Mehr ist zu keinem Zeitpunkt erforderlich.

Was wir denken, werden wir

Falls du den aufrichtigen Vorsatz hast, dein Leben voranzubringen, dann musst du zunächst deinen Geist entwickeln. Damit du irgendeine Unterweisung aufnehmen kannst, ist es erforderlich, dass du dich vollkommen entspannst und öffnest, damit du dazu in der Lage bist, etwas zu *empfangen*. Jedes Gefäß muss erst geöffnet werden, bevor man etwas hineinfüllen kann. Was geschieht, wenn der Behälter geschlossen ist? Alles würde an der Oberfläche herablaufen.

> ***Öffne dich, und dein Leben wird leichter. Ein Teelöffel Salz in einem Glas Wasser macht das Wasser ungenießbar. Ein Teelöffel Salz in einem See ist kaum wahrnehmbar.***
> *Buddha*

Mir ist klar, dass wir bei jeglicher Unterweisung dazu neigen, viele Fragen zu stellen. Doch möchte ich dich dazu ermutigen, auf verbissene Fragen nach dem Motto «Aber wenn ...» lieber zu verzichten. Richte die Fragen, die während der Arbeit mit diesem Buch in dir aufkommen, nach innen, damit sie sich in deinem Wesenskern setzen. Auf diese Weise stellst du authentische Fragen und empfängst aus deinem Inneren authentische Antworten. Deine Fragen haben die Aufgabe, dich in Berührung mit deiner eigenen Einsicht zu bringen. Es ist sehr wichtig, dass du dir im Verlauf deiner Reise immer wieder Fragen stellst. Sie sollten dir jedoch helfen, dich zu entspannen, und nicht etwa deine innere Anspannung noch vergrößern.

Unser modernes Leben kann uns leicht zur Falle werden, wenn wir uns in einem Wirbelwind von Geschäftigkeit und Erwartungen verrennen. Auch im Spirituellen können wir uns verfangen, wenn wir uns darauf versteifen, alles richtig machen zu wollen, und uns jedem Ritual in der Hoffnung unterwerfen, dann schneller zur Erleuchtung zu finden. Allzu leicht geraten uns Erleuchtung und Glück zur Erwartung oder Forderung mit der Folge, dass wir beides am falschen Ort suchen. Besser ist es, sich allem Spirituellen behutsam und ohne Verbissenheit zu nähern. Es kann vorkommen, dass mit der rituellen Ausführung einer spirituellen Praxis das Eigentliche in den Hintergrund tritt oder wir uns in spirituellen Praktiken verstricken, noch bevor wir uns unseres Weges gewiss sind. Ich meine, wir sollten uns bewusst machen, dass wir Anfänger sind und in unserer geistigen Entwicklung noch in den Kinderschuhen stecken, damit wir nicht zu laufen versuchen, ehe wir den ersten Schritt gemacht haben. Es ist immer besser, etwas ganz Kleines zu tun und es damit wirklich ernst zu meinen, denn so erschließt sich der Sinn des Lebens leichter.

Wenn du versuchst, viel zu tun, ohne es zuvor zu verstehen, dann entwickeln sich in dir vielleicht Fragen nach dem Sinn deines Tuns und Enttäuschung über dich und andere. Doch wenn du dir klarmachst, dass du noch wackelig auf den Beinen bist und mit großer Wahrscheinlichkeit viele kindliche Fehler machen wirst, dann musst du dich selbst und die Welt nicht so ernst nehmen. Und wenn du dich selbst nicht zu ernst nimmst, dann gehst du Wut, Enttäuschung oder Missgunst nicht so leicht in die Falle. Du wirst das Leben leichter nehmen.

Aus diesem Grund rate ich dir, erst gründlich über jegliche Lehre nachzudenken, bevor du sie für dich übernimmst. Setze die Lehren in Beziehung zu deinem eigenen Leben: Sind sie fähig, dir bei der Lösung eines Problems zu helfen oder dich zu inspirieren? Füttere deinen Geist mit solchen Fragen, und lass deine Gedanken und deine Einsicht in dein Herz sinken, damit du deine Gefühle kennenlernst.

Zwar ermutige ich dich, auf deinem Weg die eine oder andere Frage zu stellen, doch sollen sie dich nicht vom Üben abhalten, denn erst, indem du deine Vorstellungen in die Praxis umsetzt, beginnst du Antworten auf deine Fragen zu finden. Manchmal übertreiben wir es derart mit der Erörterung der Feinheiten, dass wir unseren Weg verlieren und unsere Reise gar nicht erst beginnen. Einen Anfang zu machen, kann uns sehr schwer vorkommen. Wir fühlen uns so, als halte uns irgendetwas davon ab, positive Dinge zu tun. Doch wenn es um negative Angewohnheiten geht, dann sind jegliche Blockierungen ein Fremdwort! Gutes zu tun, großzügig zu sein oder zu meditieren erscheint uns oftmals unendlich viel schwerer. Wir beschäftigen uns in Gedanken damit, was wir gerne tun würden, und dann geschieht jahrelang nichts. Irgendwo auf dem Weg kommen uns unsere positiven Absichten abhanden. Ja, sogar der Gedanke an positives Handeln kann verschwinden. Die Dinge müssen gar nicht zum Schlechtesten stehen, aber wir werden faul, lassen uns treiben und überlassen alles dem «Schicksal». Folglich erreichen wir nie irgendetwas, und am Ende unseres

Lebens stellen wir fest, dass wir unsere Kraft und Zeit verschwendet und die guten Gelegenheiten des Lebens verpasst haben. Also möchte ich dich auf jeden Fall dazu ermutigen, deinen Einsatz aufrechtzuerhalten. Er ist ein Geschenk.

Und damit begrüße ich dich herzlich am Beginn dieser Reise. Ich heiße dich von ganzem Herzen willkommen. Im Laufe der Jahre ist mir klar geworden, dass es meine Begabung im Leben ist, andere Menschen zu ermutigen und zu unterstützen. Ich würde mich freuen, wenn wir eine Wegstrecke gemeinsam zurücklegen, damit du dein Verständnis für dich und deine Mitmenschen vertiefst, deine Inspiration findest und dein Mitgefühl entwickelst. Zu meinen Lektionen musst du deine Motivation mitbringen und dich daran erinnern, warum du dich von diesem Buch überhaupt angezogen gefühlt hast. Und wenn dich etwas im Herzen anspricht, dann musst du es *tun* und dich voll und ganz dafür einsetzen, deine schlechten Angewohnheiten und deine negative Sicht auf dich selbst in die Schranken weisen und deinen eigenen besonderen Weg gehen.

1

DER BESONDERE WEG

Das Herz kennt den Weg.

Buddha

Während der Schildkrötenklub langsam auf dem Bergpfad wandert, fällt mir vieles Wichtige ein, das ich dir vermitteln möchte. Nimm dir Zeit, um über dein Leben nachzudenken, sowohl über die Höhen als auch die Tiefen. Besinne dich darauf, wie kostbar das Leben ist, und würdige all das, was du *hast*, statt dir immer nur über das Sorgen zu machen, was vermeintlich fehlt. Ich ermutige dich dazu, die Umgebung deines Lebens und die Natur wahrzunehmen, und an die wunderbaren Freunde und geliebten Menschen zu denken, die dich auf deinem Weg begleiten. Belaste dich nicht mit deinen Sorgen und Erwartungen, sondern gehe leichten Fußes und erfreue dich tagtäglich an deiner Reise. Nimm dir Zeit, hetze dich nicht, und schon bald wirst du sehen, was deine Aufmerksamkeit wirklich fesselt, was dich inspiriert und was eigentlich wichtig ist. Dein Herz kennt den Weg.

Erfreue dich deiner Reise

Es ist besser, gut zu reisen,
als anzukommen.
Buddha

Seit dem Ende des Zweiten Drukpa-Jahreskonzils hatte ich keine Gelegenheit gehabt, all unseren Mönchen und Nonnen für ihre Anwesenheit und ihren mühevollen Einsatz zu danken. Es war mir noch nicht einmal möglich, mich bei all den hart arbeitenden Freiwilligen zu bedanken. Doch ich meine, wenn sie selbst ihre Verdienste würdigen – vorausgesetzt sie wissen, wie das geht –, dann ist das sogar mehr wert, als wenn ich bei jedem Einzelnen von ihnen meinen Dank abstatte.

Ich selbst war für alles auf dem Zweiten Drukpa-Jahreskonzil dankbar. Es gab ein paar Beschwerden, ein paar Höhepunkte, einige Pannen, eine Handvoll Ausfälle, einige Leute waren sehr glücklich, einige äußerst aufgeregt, ein paar über Gebühr gestresst.

Mehrere Teilnehmer beklagten, dass wir die Zahl der Lehrstunden zugunsten von kulturellen Darbietungen gekürzt hatten. Einige fanden, das Konzert sei zu viel gewesen, und sie hätten hinausgehen müssen, weil es unpassend und zu laut gewesen sei. Ich begreife, was sie durchgemacht haben, und ich bin dankbar dafür, dass sie trotzdem gekommen sind und mitgemacht haben. Ich verstehe ihre Unzufriedenheit und ihre Kritik, denn jedem Menschen ist es gestattet, eine eigene Meinung zu haben, und wir sind verpflichtet, sie zu würdigen und zu respektieren. Der Weg, auf dem wir reisen, ist steinig und holperig. Doch ohne die Fähigkeit zur Entspannung ist es nicht möglich, ein spiritueller Praktiker im eigentlichen Sinne zu sein.

Hauptsächlich deshalb wiederhole ich es immer wieder wie ein mürrischer alter Mann: «Wertschätzt und freut euch über alles ohne Ausnahme.» Es spielt keine Rolle, ob Menschen gemein zu uns sind, ob sie uns betrügen oder ob sie sich bei uns bedanken – indem du alles in deinem Umfeld wertschätzt, egal ob es sich um beglückende oder verstörende Erfahrungen handelt, erhält dein Leben Sinn und Erfüllung durch Verständnis, Glück, Freude, Kraft und Furchtlosigkeit.

Ich schrieb diesen Tagebucheintrag am Tag nach dem Zweiten Drukpa-Jahreskonzil, zu dem wir uns versammelt hatten, um zu lehren und Ansichten und Wissen auszutauschen. Die Veranstaltung war wie keine zweite dazu geeignet, mich daran zu erinnern, dass es im Leben an erster Stelle um Wertschätzung geht. Denn in unserer schnelllebigen modernen Zeit kann uns die Freude an unserer Reise als geradezu unverdienter Genuss erscheinen. Unsere To-do-Listen wachsen ohne Unterlass und unsere Ziele werden von Tag zu Tag immer strahlender. An welchem Punkt hat sich unser Leben plötzlich in ein Wettrennen verwandelt?

Wenn es uns gelingt, innezuhalten, uns umzusehen und unser Leben mit neuer Wertschätzung zu betrachten, dann wird unsere Reise bunter und tiefer, und wir nehmen unsere Umgebung und ihre Einzelheiten deutlicher wahr. Wir haben Zeit, auf unserem Weg mit guten Freunden zusammenzukommen und für sie da zu sein. Wir fühlen uns im Einklang mit uns selbst und erkennen wirkliches Glück, wenn es da ist, und verstehen, was uns inspiriert. Wir wissen, dass wir unser Bestes tun werden, egal was kommt. Deshalb haben wir es nicht mehr nötig, uns an irgendwelche festen Vorstellungen zu ketten, sondern können Veränderungen und dem Fluss des Auf und Ab offener entgegentreten. Wir wissen, dass wir Glück haben, dass das Leben trotz aller Höhen und Tiefen ein gutes Leben ist.

Damit du deinen eigenen Weg finden kannst, ist es entscheidend, dass du zunächst deine Geburt und dein Leben wertschätzt. Wertschätzung verändert die Welt grundlegend. Ohne Wertschätzung ist das Leben langweilig, sind Menschen farblos und die Welt eintönig. Du bist nicht nur gelangweilt, du fühlst dich auch entmutigt. Denke nach über diesen Begriff: ent-mutigt - ohne Mut sein. Wenn wir entmutigt sind, dann überlassen wir der Angst die Kontrolle und verlieren unseren Schwung. Man hat zu nichts mehr Lust. Am liebsten möchte man die ganze Zeit schlafen. Und dann setzt die Faulheit ein. Oder aber man hat unglaublich viel zu tun, weiß jedoch nicht, wo man anfangen soll, und fühlt sich daher blockiert oder gelähmt. Man möchte sich am liebsten wachrütteln, doch jeden Tag gerät man aufs Neue in die altvertrauten, aber längst nicht mehr so angenehmen Muster. Auf der Suche nach Glück häufen wir immer mehr Besitz an, essen und trinken in ungesundem Maß oder schlagen uns die Nächte um die Ohren. In Wahrheit schiebt man mit diesen Ersatzbefriedigungen jedoch nur den Zeitpunkt auf die lange Bank, zu dem unser kostbares Leben endlich beginnen soll. Wenn man sich im Fluss des Lebens und beseelt fühlt, ist der Augenblick günstig, um über diese Zusammenhänge nachzudenken. Wenn man meint, aus dem Rhythmus des Lebens und aus dem Tritt geraten zu sein, ist er schlecht.

Du musst dir bewusst machen, wie wichtig du bist, dein Körper, dein Geist und dein Leben. Wenn du dein Leben schlecht behandelst oder dir seine Wichtigkeit nicht klarmachst, dann fühlst du dich im Ungleichgewicht, und die Dinge in deiner Welt kommen dir verkehrt vor. Du kannst dein Leben nur verbessern und es fruchtbar gestalten, wenn du erkennst, wie kostbar es ist. Unser Aufenthalt auf der Erde dauert nur einen Lidschlag lang, warum also nicht das Beste daraus machen?

Sobald wir begreifen, welche Bedeutung das Leben hat, erkennen wir, dass wir jetzt Gutes tun müssen, anderen helfen und sie inspirieren sollen, vor allem jenen, die weniger begünstigt sind als wir selbst. Unsere Wertschätzung erwacht und verwandelt sich ihrerseits in Motivation.

Dein kostbares Leben

Es gibt in unserem Leben viel Gutes. Die Tatsache, dass du gehen, schlafen, Nahrung aufnehmen, dass du Menschen mit Wärme im Herzen ansehen kannst, ihnen zuhören und Fürsorge für sie entwickeln kannst, verdient deine Wertschätzung. Denke nur an die vielen Kleinigkeiten in deinem Leben, über die du sehr glücklich bist. Dein Körper ist kostbar. Deine Begabungen sind kostbar. Das Leben ist kostbar.

Wenn du diese Wertschätzung in dir verankert hast, dann wirst du deinen Weg finden und sogar in den banalsten Einzelheiten des Alltags Augenblicke der Erleuchtung finden. Das Leben ist faszinierend! Außerdem hat Glückseligkeit, echte Glückseligkeit, ihren Ursprung in der Wertschätzung. Du fühlst dich begünstigt. Du bist entspannt und genießt jeden Augenblick.

> ***Wenn sich die eine Tür zur Glückseligkeit schließt, dann öffnet sich eine andere; aber oftmals starren wir so unverwandt auf die geschlossene, dass wir die neu geöffnete nicht bemerken.*** *Helen Keller*

Allzu oft suchen wir die Glückseligkeit am falschen Ort, in Dingen, die wir nicht haben. Unsere Klagen treiben das Glück in den Rückzug. Wir denken an all das, was in unserem Leben fehlt, statt an die wunderbaren Gründe dafür, hier und jetzt glücklich zu sein. «Ich habe dieses nicht, ich habe jenes nicht, er hat mir dieses angetan, sie hat jenes zu mir gesagt.» Als ob du dir deine Gesundheit zum Ziel setzt, dabei aber immer nur an die Nahrungsmittel denkst, die dir nicht zur Verfügung stehen, statt an jene, die im Angebot sind. Oder aber du stellst fest, dass du dir, wenn sich die Gelegenheit bietet, zu viel durchgehen lässt, ob es dabei um Essen geht oder um materiellen Besitz oder die Suche nach Aufregung und Vergnügen. Doch wenn du dir solche Zügellosigkeit gestattest, dann kannst du die Erfahrung meist nicht besonders genießen – sie verliert ihren Glanz. Oder aber du stellst fest, dass du zu viel isst oder zu viel Geld ausgibst, ja, es verschwendest, weil dich irgendwo tief in deinem Inneren eine Anspannung oder eine Unzufriedenheit quält. Du musst immer weiter essen, immer mehr Geld verschleudern, doch wertschätzen kannst du diese Fülle nicht. Du suchst Trost, findest ihn jedoch nie wirklich, weil du am falschen Ort suchst.

Wenn dein Magen leer ist und du wirklich Hunger hast, dann verstärkt sich deine Sinneswahrnehmung, du genießt jeden Bissen eines Stücks Brot, du isst achtsam und erfüllt von Wertschätzung – freudig. Es liegt nicht daran, dass dieses bestimmte Stück Brot dich glücklich macht. Der Unterschied ist deine Wertschätzung. Sie ist es, die dem Leben eine so andere Färbung gibt. Mit ihr bemerkst du, kaum bist du erwacht, jede Kleinigkeit in deinem Alltag. Du stehst gerne auf und willst jeden Augenblick voll auskosten. Du hast kein Interesse mehr daran, dich umzudrehen, dir die Decke über den Kopf zu ziehen und weiterzuschlafen.

Der dumme Mann sucht das Glück in der Ferne; der kluge hegt und pflegt es vor seinen Füßen. *James Oppenheim*

Wie den meisten Menschen hat man wahrscheinlich auch dir beigebracht, in deinem Leben viele Ziele zu verfolgen und an ihrer Verwirklichung zu arbeiten. Ohne Zweifel ist es gut, hart zu arbeiten und aktiv zu sein. Doch diese Einstellung veranlasst uns, immer nur das Ziel statt den gegenwärtigen Moment im Blick zu haben. Wertschätzung im Alltag bedeutet, dass wir jeden Schritt unserer Reise genießen, uns in Ruhe umsehen und die Schönheit des Lebens sehen: in einem Lächeln, in der Berührung eines geliebten Menschen, beim Nachdenken über die Natur, in der Versenkung in die Arbeit, während du einen Schluck aus deiner Teetasse nimmst oder dir eine Atempause gönnst, entspannst und die Welt an dir vorbeiziehen lässt.

Für mich bedeutet Glückseligkeit, die Herausforderungen des Lebens wertzuschätzen, denn sie sorgen dafür, dass wir auf unserem Weg etwas lernen. Ja, die Wertschätzung deines Lebens ist die beste Investition, weil sie dich zu einem derart glücklichen Menschen macht, dass du selbst in den schwierigsten Situationen klarkommst, weil du von Ruhe und Zufriedenheit erfüllt bist.

Die aufrichtige Wertschätzung unseres Lebens gibt uns jede Menge zu tun, und sie gibt die Zeit, die wir dazu benötigen. Denn all der Unsinn, mit dem wir Zwischen- und Wartezeiten füllen, kann getrost entfallen. Es gibt in unserer Welt viele Menschen, die meinen, nicht einmal genug Zeit zu haben, um zu essen. Viele meiner Schüler behaupten das von sich, doch in Wahrheit sind sie gar nicht wirklich so beschäftigt. Sie haben ihr Leben lediglich mit lauter Unsinn angefüllt. Statt sich die Zeit zu nehmen, um sich um sich selbst zu kümmern, sind sie die Sklaven aller dieser Verrichtungen, die sie meinen abarbeiten zu müssen.

Es ist der Mangel an Wertschätzung für das eigene Leben, der Raum für Unsinn schafft. Vielleicht fühlt sich dein Leben chaotisch an, du musst um jede einzelne Minute kämpfen und bist dabei nicht besonders glücklich. Oder es kommt dir so vor, als liefest und liefest du und kämest doch niemals voran. Du fühlst dich wie ein Niemand, ein Geist deiner selbst und ringst darum, deine Richtung zu finden. Eine solche Lebenssituation wird von vielen mit Sätzen wie «Ich habe gar kein eigenes Leben mehr!» kommentiert. Ich finde diese Auffassung sehr traurig; das Leben ist so reich. Doch die Tatsache, dass du dich auf diese Reise begeben hast, zeigt, dass ein Teil von dir begreift und dass du dein Leben zurückwillst, damit du wieder Zeit findest, viele gute Dinge zu tun. Und wenn dir etwas begegnet, das du wirklich wertschätzen kannst, dann möchtest du es mit anderen teilen, statt es allein für dich zu behalten. Allein schon durch dein Atmen verströmst du deine Wertschätzung, deine Glückseligkeit und deine Gesundheit in die Welt.

Dankbarkeitsbekundungen

Warum nicht gleich jetzt eine Liste erstellen mit den alltäglichen Dingen in deinem Leben, die du wertschätzt und für die du dankbar bist? Du könntest dir jeden Tag eine Sache aussuchen, für die du dankbar bist und über die du nachsinnst entweder gleich morgens beim Aufwachen oder während einer abendlichen Entspannungsphase. Alles ist denkbar, ob es das Lachen eines Kindes ist oder die Aufmerksamkeit eines Fremden, der dir die Tür aufhält. Suche nach dem Guten in deinem Leben. Wie bei den meisten Dingen wächst deine Dankbarkeit und breitet sich aus, wenn du sie ein wenig hegst und pflegst. Du wirst deine Umgebung mit größerer Wertschätzung wahrnehmen. Es wird dir nach und nach immer wichtiger sein, die guten Gelegenheiten, die sich dir im Leben bieten, zu deinem Besten zu nutzen, und mit der Zeit wirst du auch in den täglichen Herausforderungen und Hindernissen wertvolle Lektionen erkennen.

Was ist Glückseligkeit?

Jeder Mensch ist im Verlauf seines Lebensweges auf der Suche nach Glückseligkeit. Doch oftmals haben wir gar keine genaue Vorstellung davon, was Glück eigentlich ist. Ist es die Freude, die eine bestimmte Erfahrung mit sich bringt, die Nähe zu einem bestimmten Menschen oder der Aufenthalt an einem bestimmten Ort? Ist es egoistisch, glücklich sein zu wollen? Kann Glückseligkeit ein Dauerzustand sein?

In unserer geschäftigen Suche sind wir so sehr damit beschäftigt umherzueilen, dass wir das Glück vor unserer Nase nicht sehen; es ist wie Tautropfen auf einem Grashalm nur kurze Zeit sichtbar und dann wieder verschwunden. Und sobald man das Glück errungen hat, löst sich das Gefühl rasch wieder auf. Freude und Vergnügen verlieren sich ebenso wie die Tautropfen auf dem Grashalm oder ein Regenbogen am Horizont. Mit Vorliebe suchen wir Glück in der Form von kurzweiligem Vergnügen und verschwenden viel Zeit und Energie darauf, es zu finden. Doch es ist möglich, entspannte, friedliche und lang anhaltende Glückseligkeit zu finden. Sie kommt ruhiger daher als unser flüchtiger Blick, den wir gelegentlich auf eine gesteigerte sinnliche Freude werfen, aber ist dennoch tiefgründig und reichhaltig.

Glückseligkeit ist ein Parfüm, mit dem man andere kaum besprühen kann, ohne selbst ein paar Tropfen abzubekommen. *Ralph Waldo Emerson*

Glückseligkeit ist das, was uns Menschen miteinander verbindet. Wir alle tragen in uns das gleiche Bedürfnis nach Glück und wollen nach Möglichkeit Schmerz und Leid vermeiden. Dennoch denken wir selten ausführlicher über diese Zusammenhänge nach, noch begreifen wir sie vollständig. Indem wir uns klarmachen, dass jeder einzelne Mensch ebenfalls nach Glück strebt, können wir Glückseligkeit als etwas erkennen, das von Mitgefühl und Großzügigkeit erfüllt ist, statt es als egoistische Suche nach Vergnügen und nach Erfüllung unserer Bedürfnisse zu sehen. Wie Buddha sagte: «Tausende Kerzen können an einer einzelnen entzündet werden und das Leben dieser Kerze verkürzt sich deshalb nicht. Glückseligkeit wird niemals weniger, bloß weil man sie teilt.» Glückseligkeit macht dich zu einem guten Menschen.

Ich vertrete die Auffassung, dass Glückseligkeit mit Wertschätzung einhergeht. Glück tritt auf den Plan, wenn wir uns durch und durch beseelt fühlen, wenn wir aufs Innigste mit etwas verbunden sind, was uns zutiefst berührt, und sei es eine noch so kleine Sache. Lernen macht uns glücklich. Um ein Beispiel zu nennen: Ich habe angefangen, Französisch zu lernen, weil es mich bedrückte, dass ich mich mit meinen französischen Schülern nicht gut unterhalten konnte. Mit der Zeit wuchs meine Fähigkeit, mich zu verständigen und andere zu verstehen, und meine Freude darüber war riesig. Indem wir unser Verständnis steigern, wächst auch unsere Weisheit, und wir können unsere Aufgaben besser meistern, auch zum Nutzen anderer. Der Gedanke an diese Zusammenhänge fördert die Motivation. Wenn es dir gelingt, fortgesetzt und Tag um Tag zu lernen und dich durch das Geschenk, das du damit anderen machst, zu motivieren, dann wird Glückseligkeit dein treuer Begleiter sein.

Glückseligkeit kommt von innen

Es ist leicht, der Vorstellung zu verfallen, dass Glückseligkeit etwas ist, das andere Menschen oder Umstände in uns auslösen. Doch in Wahrheit hat Glückseligkeit mehr damit zu tun, wie wir der Welt begegnen, und kommt von innen. Es gibt viele Gründe dafür, glücklich oder traurig zu sein. Vielleicht bist du glücklich, weil du einen Freund an deiner Seite hast, weil du gut gegessen oder eine gute Zeit hast. Doch Glückseligkeit - oder Leiden - ist nichts, was durch einen anderen Menschen oder äußere Umstände herbeigeführt werden kann. Es ist der Geist, der Glück oder Leid empfindet. Äußere Umstände sind vielleicht der Auslöser oder stellen eine Verstärkung dar, doch das eigentliche Gefühl muss aus uns selbst erwachsen.

Führe dir doch vor Augen, wie du dich fühlst, wenn du in eine Tätigkeit, in ein Buch oder die Betrachtung eines Gemäldes versunken bist. Du empfindest die Schönheit dieses Augenblicks, und nicht selten fühlst du dich in der Folge zu einer offenherzigen Geste veranlasst, ob du nun jemandem mit irgendeiner Arbeit hilfst oder lediglich einem Freund empfiehlst, doch gleichfalls dieses wunderbare Buch zu lesen, das dir so viel Freude bereitet hat. Wenn du dich durch etwas inspiriert fühlst, dann hat das einen Dominoeffekt, und in dir entsteht der Wunsch, gleichfalls andere zu inspirieren.

Das ist Glückseligkeit: in etwas wirklich Großartigem aufzugehen. *Willa Cather*

Außerdem hat Glückseligkeit für mich etwas mit Entspannung zu tun. Weil sich Entspannung so friedlich anfühlt, ist sie für mich reine Freude. Aus diesem Grund liebe ich die Kontemplation. Sie ist wie das Schwimmen in einem Ozean und beschert mir ein tiefes Verständnis, das sich weniger wie sinnliches Glück als wie eine sanfte innere Glückseligkeit anfühlt. Das ist es, was ich unter Liebe verstehe.

In unserer hektischen modernen Welt, in der alle auf der Suche nach Adrenalin und Wunscherfüllung sind, fällt es leicht, diese Art entspannter Glückseligkeit abzutun. Wenn wir jedoch voller Hektik nach Glück suchen, wie groß ist dann wohl die Wahrscheinlichkeit, dass wir es tatsächlich finden? Wenn wir nur an uns selbst denken, dann haben wir vielleicht das Glück, einen kurzen Höhepunkt zu erleben. Doch vergegenwärtige dir die Fülle, die nur dann entstehen kann, wenn Freude geteilt wird, wenn Glückseligkeit aus der Verbindung zu einem oder mehreren anderen Menschen oder zu irgendeinem Projekt entsteht und aus der Motivation erwächst, die Welt in einem guten Licht zu sehen. Es ist wahr: Ein Lächeln im Gesicht hebt sofort die eigene Stimmung. Es kommt sogar vor, dass wir glücklich sind und gar nicht wissen, warum – diese Art der Glückseligkeit ist auf wunderbare Weise ansteckend. Stelle dir ein Baby vor, das schon morgens beim Aufwachen fröhlich gurrt und gluckst. Es kann noch nicht sprechen, und doch vermag es dir seine Freude unmissverständlich mitzuteilen. Mir kommt es so vor, als freuten sich Babys ebenso sehr an ihrem eigenen Lachen wie an den Grimassen, die wir für sie schneiden. Wenn du dich das nächste Mal beim Lächeln ertappst, dann mache dir bewusst, wie wunderbar Lächeln ist, und wenn du schon dabei bist: Vergiss nicht, einen anderen Menschen mit deiner Freude anzustecken.

Glückseligkeit weckt uns auf und öffnet uns noch für das

kleinste Detail des Lebens und der Welt um uns herum. Claude Monet hat gesagt, er habe seine Inspiration in der Natur gefunden, und statt diese Inspiration für sich zu behalten, hat er uns an ihr durch seine Bilder teilhaben lassen. In der Natur gibt es unendlich viel zu entdecken, das in uns Glücksgefühle auslösen kann. Nimm allein die Freigebigkeit der Honigbiene. Die Honigwabe ist ein ausgezeichnetes Beispiel für konstruktive Schönheit; wie kommt es, dass eine so kleine Kreatur ein derartiges Meisterwerk schaffen kann? Und noch dazu hilft die Biene, wenn sie ihren Tagesbedarf an Nektar sammelt, ganz nebenbei den Pflanzen, indem sie Pollen von einer zur anderen schafft - welche Großzügigkeit. Noch immer sind weltweit viele Pflanzen auf Bienen angewiesen, um sie zu bestäuben. Ich bin sicher, dass diese Zusammenhänge vielen Menschen große Freude bereiten und sie dazu inspirieren, alles Menschenmögliche zu tun, um die kostbaren Geschöpfe zu retten.

Bruttosozialglück

Das winzige Königreich Bhutan ist im Himalaya zwischen den gewaltigen Staaten China und Indien eingezwängt. Vor ein paar Jahren entwickelte das Land eine äußerst inspirierende Idee: Um seinen Erfolg als Staat zu messen, wollte es sich nicht mehr des Bruttosozialeinkommens bedienen, sondern des Bruttosozialglücks. Zugrunde liegt die Vorstellung, dass Regierungsprogramme nicht mehr nach ihrem ökonomischen Erfolg, sondern danach beurteilt werden, wie viel Glückseligkeit sie zu schaffen vermögen. Ziel ist es, bessere Voraussetzungen für das Streben nach Glück zu schaffen. Ein Anfang wurde gemacht mit der freiwilligen Abdankung des äußerst populären Königs und dem Abhalten erster demokratischer Wahlen 2008, da die Demokratie den Einzelnen in seiner Verantwortlichkeit fördert, was wiederum eng mit der Glückseligkeit in Verbindung steht. Die Lebensfreude des Gemeinwesens ist ebenso Bestandteil der Regierungsprogramme wie gutes Zeitmanagement und psychologisches Wohlergehen; nicht gerade die typischen Bereiche, auf die eine Regierung normalerweise Einfluss nimmt, aber ohne Zweifel von zentraler Bedeutung, wenn es um das Glück geht. Man stelle sich vor, in Bhutan wird es als wichtiger empfunden, wie Menschen ihre Zeit verbringen, statt wofür sie ihr Geld ausgeben. Ganz weit oben auf der Agenda steht, wie die Menschen sich gegenseitig innerhalb ihrer Gemeinschaften unterstützen, denn die so angestoßene Kettenreaktion ist für alle von großem Nutzen: kaum Kriminalität, eine bessere Versorgung von alten und gebrechlichen Menschen und ein aufrichtiges Bedürfnis, aufeinander achtzugeben.

Seit die Glückseligkeit deinen Namen kennt, sucht sie in allen Straßen nach dir. *Hafis, persischer Dichter*

Ist es nicht wahr, dass das Glück oft gerade dann in Erscheinung tritt, wenn wir es am wenigsten erwarten und eben nicht nach ihm Ausschau halten? Wir stellen uns vor, dass wir doch die ganze Zeit glücklich und optimistisch sein müssten, wenn wir uns auf dem richtigen Weg befinden. Aber das Leben besteht natürlich zugleich aus Glückseligkeit und Leiden, aus Freude und Trauer. Wenn wir das Leiden nicht kennen, wie sollen wir dann Freude erfahren? Ich würde sagen, wenn du heute glücklich bist – wunderbar; wenn nicht, dann ist das ebenfalls in Ordnung. Mache dir weder das eine noch das andere vor, sondern sinne aufrichtig nach über deine persönlichen Höhen und Tiefen. Es ist nicht nötig, sie vor dir geheim zu halten, offenbare sie dir selbst. Das mag sich merkwürdig anhören, doch halten wir unbewusst viele Dinge sogar von uns selbst fern. Wir erforschen unsere Gedanken nicht, sondern begnügen uns damit, die Dinge oberflächlich zu betrachten und uns mit diesem Zustand des «Nichtwissens» zufriedenzugeben.

Nach einem Vortrag wurde ich einmal gefragt, wie man denn «positiv» sein könne und zugleich vielleicht das Schlimmste akzeptieren müsse. Wie könne denn die Vorbereitung auf das Schlimmste etwas Positives sein? In unserer modernen Welt ist der Druck sehr groß, immerzu «gut drauf» zu sein, doch wie authentisch sind wir, wenn wir dieser Anforderung Genüge leisten? Es geschehen schlimme Dinge im Leben und auch traurige. Ja, die einzige Gewissheit im Leben ist der Tod. Sollen wir es verdrängen, statt uns mit solchen Tatsachen zu konfrontieren, damit wir sie von allen Seiten betrachten und vielleicht schließlich verstehen können? Deinen eigenen Geist zu stärken und auf alle Eventualitäten vorbereitet zu sein, ist kein Pessimismus; es bedeutet nicht, dass wir das Schlimmste *erwarten*. An einer späteren Stelle werde ich erklären, dass es besser ist, gar keine Erwartungen zu haben, da Erwartungen wie unsichtbare Ketten sind. Es ist die beste Vorbereitung, wenn wir heute unser Bestes tun und nicht versuchen vorherzusagen, was morgen geschehen wird.

> ***Wer nicht von Herzen geweint hat, hat nicht begonnen zu meditieren.*** *Ajahn Chah*

Buddha bezeichnete diesen Kreislauf aus Auf und Ab als «Kreislauf des Leidens», was auf den ersten Blick recht negativ wirkt. Doch es ist besser, aufrichtig zu sein, als sich selbst zu betrügen und so zu tun, als sei alles vollkommen; wer dies tut, der bereitet einer unausweichlichen Enttäuschung den Weg. Außerdem tappt derjenige, der die Dinge schönredet, leicht in die Falle, gewohnheitsmäßig Zeit für die Suche nach all jenem zu verschwenden, was im Leben «verkehrt» läuft. Man sagt, es sei besser, sich zu beschweren und aufrichtig zu sein. Es heißt, wenn man das nicht tut, dann knebelt man sich selbst. Wenn ich solchen Meinungen begegne, dann lächle ich, bin lieber still und lasse mich auf keine Diskussion ein. Ich denke zwar auch, dass es am besten ist, geradeheraus, ehrlich und authentisch zu sein, doch wo fängt man an? Negative Beschwerden sammeln sich an, und alles Gute bleibt hinter dem Negativen verborgen, kann weder erkannt noch anerkannt werden.

Wenn wir uns jeweils am Beginn und am Ende eines Tages ein klein wenig Zeit nehmen, um unsere Hochs und Tiefs zu rekapitulieren, dann kann sich in uns auf natürliche und unverfälschte Weise Mitgefühl entwickeln. Wir müssen uns nicht mehr vor unseren Fehlentscheidungen und Pannen verstecken oder uns in Selbstvorwürfen ergehen, sondern erkennen in ihnen die Lektionen, die der Tag uns gewährt. Wir haben es nicht mehr nötig, uns an allem festzuklammern, sondern dürfen uns entspannen. Und indem wir uns selbst ein wenig besser kennenlernen, fühlen wir uns daran erinnert, nach den Gemeinsamkeiten mit anderen zu schauen statt nach den Unterschieden. Die Person, die wir jetzt gerade für unsere Frustration verantwortlich machen, hat genauso mit den Höhen und Tiefen des Tages zu kämpfen wie wir. Mitgefühl tritt nicht plötzlich in einer grandiosen Welle in Erscheinung, sondern entwickelt sich langsam mit unserer Wertschätzung für die Einzelheiten des Lebens und mit unserem Verständnis für uns und andere.

Liebe dich selbst und gib acht –
heute, morgen, immer. *Buddha*

Durchdenke deinen Tag

Lege dich auf dein Bett, schließe die Augen und lege deine Hand auf dein Herz. Stelle dir die Frage: «Was hat sich am heutigen Tag ereignet?» Gestatte es deinen Gedanken, durch den Filter deines Herzens zu fließen, und du wirst zu spüren beginnen, dass du *weißt*, und ein Interesse daran entwickeln, mehr zu erfahren. Was ist der Kern deines Lebens? Wirf einen fairen und aufrichtigen Blick auf deine Erfahrungen. Damit will ich nicht sagen, dass du die Tatsachen ins Positive verdrehen sollst. Ich rate dir, sie als das zu akzeptieren, was sie sind: Augenblicke in der Zeit. Einige von ihnen haben dafür gesorgt, dass du dich gut gefühlt hast, andere hingegen bewirkten bei dir Leiden in verschiedenen Abstufungen. Der Schlüssel liegt darin, mit uns selbst aufrichtig zu sein und uns auf der Basis von Mitgefühl und Akzeptanz so anzunehmen, wie wir sind, und dabei auf Wertungen zu verzichten. Du musst die primäre Ursache für die Dinge, die in deinem Leben geschehen, kennenlernen. Das Leben ist eine Aneinanderreihung von Erfahrungen jeglicher Art, und wenn es dir gelingt, diese Erfahrungen mit echtem Mitgefühl für dich selbst und ohne Schuldzuweisung, Scham oder Wut zu betrachten, dann beginnst du zu erkennen, wie sich die Dinge wirklich verhalten und wie sie sich entwickelt haben.

Dein kostbarer Körper

Der menschliche Körper ist wie ein Schiff, und es ist unsere Aufgabe, ihn auf dem Strom des Lebens zu führen, so gut wir können. Oder du könntest deinen Körper als Herberge begreifen; ohne ihn kannst du weder überleben noch deinen Weg verfolgen, und du kannst ihn nicht mitnehmen, denn am Ende musst du ihn zurücklassen. Deshalb fordere ich dich auf: Sei anständig zu deinem Körper, und erweise ihm den größtmöglichen Respekt. Du solltest ihn nicht anders behandeln als deine Freunde, Feinde, deinen Besitz und alles andere. Indem du für deine Gesundheit sorgst, bist du anständig zu deinem Körper, der deine Herberge darstellt.

Irgendwie haben wir im Lauf der zurückliegenden Generationen die Beziehung zu unserem Körper verloren. Wir empfinden ihn als wenig wertvoll, ja in vielerlei Hinsicht sogar als unzulänglich. Die natürliche Zuneigung und der Respekt für unseren Körper wurden von einigen durch Desinteresse und von anderen durch strenge Kontrolle ersetzt. Wir wissen nicht mehr genau, wie wir zu unserem Körper in Beziehung treten sollen. Entweder vergleichen wir unseren Körper mit dem anderer und nörgeln an ihm herum, oder wir nehmen ihn achtlos als gegeben hin. Statt uns gut um ihn zu kümmern und eine entspannte fürsorgliche Beziehung zu ihm zu pflegen, die Zeit und Mühe verlangt, kämpfen wir gegen den natürlichen Alterungsprozess und vergessen, dass unser Körper wie unser Leben einem Fluss gleicht, der ständig in Bewegung ist und sich unablässig verändert.

Betrachten wir den Zusammenhang zwischen dem, was wir essen, und unserer Gesundheit: Damit beschäftigt sich sowohl der Westen wie der Osten, und doch verbreitet sich die Fettleibigkeit immer weiter, insbesondere in Ländern, die einen schnellen Modernisierungsprozess erfahren. Es ist so, als sei uns die Verbindung zwischen unserem kostbaren Körper und der Nahrung, die wir ihm zuführen, entglitten. Inzwischen wissen wir kaum noch, wo unsere Nahrungsmittel ihren Ursprung haben, obwohl doch alles ursprünglich ein Geschenk der Natur ist. Ein Großteil unserer Nahrungsmittel ist alles andere als naturbelassen und durchläuft zahlreiche Verarbeitungsprozesse auf dem Weg vom Bauernhof bis auf unseren Teller. Vielleicht schenken wir deshalb dem, was und wie wir essen, weniger Aufmerksamkeit.

Wenn man Nahrungsmittel wachsen sieht, wenn man die Gelegenheit hat, eine Tomate direkt vom Strauch zu pflücken und ihr Aroma zu schmecken, dann wird man daran erinnert, wie wunderbar es ist, dass die Natur uns versorgt und bei Gesundheit hält. Und das ist noch nicht alles: Essen weckt unsere Sinne, insbesondere dann, wenn wir jeden Bissen genießen. Viele Menschen meinen, nicht einmal mehr genug Zeit zu haben, um sich zum Essen in Ruhe hinzusetzen; wir essen im Gehen, im Auto, am Schreibtisch, während wir telefonieren, oder verschicken beim Kauen Nachrichten. Wenn wir achtlos essen, dann merken wir nicht einmal mehr, wann wir satt sind, und wir fangen an, aus anderen Gründen zu essen, als um unseren kostbaren Körper zu versorgen. Wir suchen im Essen nach Trost und Glück. Es stimmt, Essen sollte uns glücklich machen, doch auf eine Weise, die uns der Natur näherbringt, und nicht durch die Befriedigung von Gier.

Verbindung zwischen Körper und Geist

Denk an all die unglaublichen Leistungen, die dein Körper Tag für Tag erbringt: Du gehst, du hörst deinen Freunden zu, dank deiner Sinne nimmst du deine Umwelt in wunderbaren

Einzelheiten wahr. Und bedenke, welche Verbindung zwischen deinem Körper und deinem Geist besteht: Dein Herz schlägt rascher, sobald ein geliebter Mensch sich dir nähert, du spürst die Wärme einer liebevollen Berührung, und du genießt die Ausschüttung von Glückshormonen, mit denen dein Körper sich für eine Runde Laufen bedankt. Überlege, welchen Einfluss Stress auf deinen Körper nimmt, welche Empfindungen dein Geisteszustand in dir auslöst. Wie fühlt sich dein Körper an, wenn du entspannt und ruhig bist, welche Signale schickt er dir, wenn er von Zufriedenheit erfüllt ist? Wenn es dir gelingt, all deine Sinne zu entwickeln, dann wirst du wirklich fähig sein, die Schönheit in der Welt und in deinen Mitmenschen wertzuschätzen, dich am Duft eines schwülen Regentages zu erfreuen, mit echter Aufmerksamkeit zu lauschen und eine Tasse Tee wirklich zu genießen.

Vom Anfang der Pad Yatra bis zu ihrem Ende musste ich mich mit verschiedenen Hindernissen auseinandersetzen. Nachdem ich einige Wochen mit diesen Herausforderungen gerungen habe, ist es mir jedoch gelungen, die Oberhand zu gewinnen, worauf ich wirklich stolz bin. Als Erstes entwickelte ich bereits am ersten Tag unseres Pilgerwegs eine Magenverstimmung; bis gestern hatte ich sehr unter ihr zu leiden. Sie plagte mich jeden Tag; beim Gehen konnte ich mich nicht einmal auf meine Umgebung einlassen. Sobald ich den Blick hob, hatte ich das Gefühl, jeden Augenblick zu stürzen, also blickte ich starr vor mich auf den Weg. Sobald ich meine Umgebung betrachtete und mich an ihr erfreute, geriet ich ins Wanken wie ein neugeborenes Kalb.

Außerdem machten wir täglich Übungen bei minus fünfzehn Grad im Freien. Wie meine Freunde hatte ich weder Gefühl in meinen Fingern und in meiner Nase, noch konnte ich meine Lippen bewegen, um zu psalmodieren – so eisig war es. Mir war wirklich kalt, doch irgendwie schaffte ich meine Übungen bei Tag und auch bei Nacht. Rigzin und Lotus verringerten unser Leiden erheblich. Jedes Mal, wenn die Eiseskälte uns zu plagen anfing, tauchten die beiden auf wundersame Weise mit heißem Tee auf, und es war eine große Freude, die großen dampfenden Kannen zu sehen. Dieser Anblick zauberte bei jedem plötzlich ein Lächeln auf die Lippen. Meistens empfinden wir eine Tasse heißen Tee als etwas Selbstverständliches, doch in jenen Tagen auf 5000 Metern über dem Meeresspiegel bei eisigem Wind und einer Temperatur von minus fünfzehn Grad waren wir für jeden einzelnen wärmenden Schluck dankbar. Ich kann Lotus und Rigzin gar nicht genug dafür danken, dass sie uns immer genau zum richtigen Zeitpunkt mit ihrem wärmenden Ausdruck von Gastfreundschaft aufwarteten. Da ich mich nun in meinem geheizten Arbeitszimmer befinde, kann ich aufrichtig sagen, dass ich nur zu gerne wieder dort bei ihnen wäre.

Sobald du deinen wunderbaren, schönen Körper, der dir geschenkt wurde, zu schätzen weißt, wirst du nach und nach auch deinem inneren Selbst – deinem schönen Geist und deinem schönen Herzen – die richtige Wertschätzung entgegenbringen. Du sorgst dafür, dass die liebevolle Begegnung mit dir selbst zu einem festen Bestandteil deines Tagesablaufs wird, damit dir für deinen Tag das höchstmögliche Maß an Energie zur Verfügung steht. Wenn du dich in deinem Körper wohl und zufrieden fühlst, dann ist die Wahrscheinlichkeit größer, dass du dich auch in deinem Geist und in deinem ganzen Sein wohl und zufrieden fühlst. Diese Bereiche sind eng miteinander verbunden.

Indem wir unseren Körper mit Anstand und Respekt behandeln, sorgen wir gut für ihn, ohne uns zu sehr von seiner Schönheit oder Kraft vereinnahmen zu lassen oder von der Sorge, ob wir vielleicht doch nicht schön und stark genug sind. Welche Art Glückseligkeit eröffnet sich uns, wenn wir den ganzen Tag vor dem Spiegel stehen und unser Spiegelbild bewundern? Vielleicht entsprechen wir schon morgen nicht mehr dem Ideal, und unser Selbstvertrauen ist erschüttert, weil wir uns nur um die Oberfläche, das Äußere kümmern. Dass wir von innen heraus für unseren kostbaren Körper sorgen, wird durch das Zwinkern in unseren Augen, durch unser entspanntes, warmes Lächeln und durch unsere Ausstrahlung sichtbar.

Lass die Landschaft auf dich wirken

Die Natur malt jeden Tag für uns Bilder von unendlicher Schönheit; wir müssen nur bereit sein, sie zu sehen.

John Ruskin

Wir alle kommen aus der Natur. Wir sind ein Bestandteil der Natur, ja, *wir sind die Natur*. Selbst wenn du nur einen Schluck Tee trinkst, sorgst du für deine Ernährung und für dein psychisches Wohlbefinden. Dabei spielt es keine Rolle, ob deine Teeblätter nun Hunderte Kilometer entfernt gepflückt wurden oder aus deinem eigenen Garten stammen. Die Natur kennt so viele Wege, um uns daran zu erinnern, wie kostbar das Leben ist. Sie selbst sorgt dafür, dass wir für sie empfänglich sind, und verfeinert unsere Sinne. Wenn wir das Leben gerade als entsetzliche Qual empfinden, dann reicht bereits ein Spaziergang an der frischen Luft aus, um unseren Blick zu öffnen und das Leben wieder in einem anderen, besseren Licht wahrzunehmen.

Die Natur macht sich keine Gedanken über die Vergangenheit und rast auch nicht in die Zukunft; Tag wird zu Nacht und Nacht zu Tag, alles steht miteinander in Verbindung und entwickelt sich zugleich. Selbst in einer städtischen Umgebung kann es sein, dass uns plötzlich Dinge ins Auge fallen, die uns überraschen und erfreuen – vorausgesetzt wir nehmen uns die Zeit und sehen uns auf unserem Weg von A nach B um.

Die Landschaft des Lebens im Verlauf der Reise in sich aufzunehmen, ist ein wichtiger Bestandteil unserer Wertschätzung. Und je offener wir uns umsehen, desto deutlicher erkennen wir, was uns inspiriert und was uns wirklich gefällt. Die Natur hat so ihre Art, uns in die Gegenwart und in unseren Körper zurückzuholen. Damit hilft sie uns, uns zu besinnen, unsere Sorgen loszulassen und zum Eigentlichen zurückzukehren.

Gelegentlich werden mir äußerst merkwürdige Fragen gestellt wie zum Beispiel: «Warum gefällt es dir, deine Freunde und Schüler dazu anzuregen, so viele schwierige *körperliche* Übungen zu machen?» Normalerweise beschränke ich mich dann darauf zu lächeln. Die Leute stellen so viele Fragen. Es ist erst ein paar Jahrhunderte her, da hatten wir noch nicht so viele moderne Maschinen, die uns das Leben erleichtern. Doch wohin haben uns diese Annehmlichkeiten gebracht? In körperlicher Hinsicht scheint es uns heute besser zu gehen. Wenn wir alte Fotos sehen, auf denen Menschen ihre Wege zu Fuß und auf unbefestigten Straßen zurücklegen oder schwere körperliche Arbeit verrichten wie Waschen mit der Hand, dann bekommen wir das Gefühl, Glück zu haben. Doch geht es uns auch im Inneren besser? Wir sind viel ruheloser, unser Geist ist wie ein wildes Tier, das nicht stillhalten kann, und wir finden keinen Frieden.

Moderne Technologie und Kommunikation lässt uns inzwischen so viel Zeit in der virtuellen Welt verbringen, dass wir leicht unsre Verbindung zur Natur verlieren. Ich selbst verharre stundenlang vor dem Computer, trotzdem erreiche ich oft nur sehr wenig – eine echte Herausforderung für mein Konzentrationsvermögen. Wir schaffen es nicht, still und ruhig in unserer Umgebung zu sitzen, ohne unser Handy hervorzuholen und schnell noch eben eine E-Mail zu verschicken. Dieser Aktionismus ist alles andere als beruhigend; genauso wie unsere Geräte es unserem Geist vormachen, ist er überall zugleich, ständig auf Empfang und hält es nirgendwo lange aus.

Es macht uns Mühe, ihn auf eine Sache zu fokussieren, auf den gegenwärtigen Augenblick, auf das, was wir gerade tun, oder auf den Menschen, der gerade bei uns ist.

Der Begriff «virtuell» passt hier sehr gut, denn die moderne Welt der Technologie ist flüchtig und keineswegs real. Einige meiner Freunde pflanzen sogar virtuelle Bäume oder haben virtuelle Haustiere. Das hört sich witzig an, hat jedoch zugleich etwas Gefährliches, und ich halte es für ratsam, vorsichtig zu sein. Ich kenne Leute, die Tausende «Freunde» haben, denen sie noch nie von Angesicht zu Angesicht gegenüberstanden. Es ist wichtig, dass wir die Oberhand über die Technologie behalten und uns nicht von ihr beherrschen lassen; wir müssen sorgsam und aufmerksam sein.

Sich einlassen auf die Natur

Was geschieht, sobald du dein Büro betrittst oder nach Hause kommst? Nimmst du erst einmal Kontakt mit den Anwesenden auf, oder gehst du in den Garten, um dort die Natur zu genießen, die Farben der Blumen, das Rauschen der Bäume oder den Anblick des Himmels? Oder stürzt du sogleich zum Computer oder Telefon, um zu überprüfen, ob irgendwelche E-Mails oder Anrufe für dich eingetroffen sind? Wenn du in einer Stadt wohnst, dann könnte dir durchaus der Wechsel der Jahreszeiten entgehen. Doch wenn du dir ein wenig Zeit nimmst, dann kannst du alles in dich aufnehmen: die Farben der Blätter, den Duft nach einem Schauer, das Sonnenlicht in deinem Gesicht. Wenn es dir gelingt, den Fuß vom Gas zu nehmen, um mit der Natur in Verbindung zu treten, dann wird es dir auch leichter fallen, mit deinen Mitmenschen in Kontakt zu kommen,

Geduld und Bescheidenheit in dir zu fördern. Du wirst deinen Arbeitsplatz und dein Zuhause leichteren Fußes betreten und die Energie der Natur spüren, statt dich von deinen Ängsten getrieben zu fühlen. Die Natur verbindet uns mit der Gegenwart und erinnert uns im gleichen Augenblick daran, dass das Leben zutiefst gut ist.

Die Natur sorgt auf wunderbare Weise dafür, ein Gegengewicht zu all der Technologie in unserem Leben zu schaffen. Aus diesem Grund übernehme ich gerne die Organisation der Pad Yatras. Wie ich bereits erklärte, bedeutet «Pad» *Fuß* und «Yatra» *Reise*, und ich liebe diesen Begriff sehr, weil er für mich treffend auf die Notwendigkeit verweist, uns zu erden. Wir begeben uns auf eine Pilgerreise, um durch das Nachdenken über die unermessliche Weite der Natur Zugang zu unserem eigenen erleuchteten Wesen zu erhalten. Die Meditation im Gehen verschafft unserem ruhelosen Geist eine Pause. Zwar kann ein Auto uns viel schneller an unser Ziel befördern, doch sind es deine Füße, die dich deinem spirituellen Zuhause näherbringen. Gehen hilft uns dabei, eine tiefe und aufrichtige Beziehung zur Natur und zu unserer Mutter Erde aufzubauen. Wir können die Landschaft auf uns wirken lassen, ohne sie zu analysieren oder zu interpretieren. Ein Aufenthalt in der Natur – einen Berg zu besteigen, dem Rauschen eines Wasserfalls zuzuhören, die frische Luft zu atmen und sich selbst wie den Freunden zuzulächeln – ist ein wunderbarer Teil des Lebens, finde ich.

Letzte Woche habe ich alle unsere Nonnen, Hunderte von ihnen, zu einem Pad Yatra auf den Gokarna, einen der höchsten Berge am

Kathmandu-Tal, geschleift. Es handelte sich um eine Meditationsübung, die unser physisches dem inneren Ich wieder näherbringen sollte; eine aktive Form der inneren Einkehr. Und dann haben wir natürlich wieder endlos viel Abfall entlang des Weges eingesammelt. Man meint, diese Berge können nur sauber und friedlich sein. Doch leider wissen die Menschen die Natur oft nicht genug zu schätzen, und deshalb hoben wir große Mengen Plastikverpackungen, Wasserflaschen und biologisch nicht abbaubaren Abfall auf. Ich war entsetzt. Wenn die Menschen nicht bereit sind zur Umkehr und wir nicht lernen, zu unserem Wesenskern zurückzukehren und Einsicht zu erlangen, wird unsere Umwelt niemals sauber sein. Ich glaube, es ist noch ein hohes Maß an Erziehung erforderlich, um diese Welt besser, grüner und glücklicher zu machen.

Ich nutzte die Gelegenheit, den Dorfbewohnern die Verwendung von Plastikbechern, -besteck und -flaschen auszureden, und ich glaube, ich werde sie nächstes Mal auch davon abhalten, uns in Zukunft irgendwelche abgepackten Getränke und Nahrungsmittel anzubieten. Die Verpackung findet sich nur als Abfall in der Landschaft wieder. Ich bin vollkommen zufrieden damit, wenn mir traditioneller Tee, Tsampa und das regionale Essen angeboten werden. Außerdem vertrete ich die Auffassung, dass die Ernährungsumstellung in manchen der besuchten Gegenden der Gesundheit ihrer Bewohner schadet. Regionale Speisen sind nahrhaft, gesund und verursachen weniger Umweltverschmutzung. Ein jeder von uns sollte versuchen, in diesem Sinne zu wirken. Unsere Pad Yatra war also mit der Mission verbunden, die Leute vor Ort zur Wertschätzung ihrer Kultur und ihrer Schönheit und ihrer regionalen Speisen anzuhalten.

Zwischen Phanjila und Hemis sammelten wir 60 000 Plastikflaschen, 10 000 Kaugummipapiere und Zigarettenschachteln sowie 5000 Getränkedosen ein. Ich war fassungslos. Wenn schon derart abgelegene Gegenden so mit Müll verschmutzt sind, wie viel Abfall sammelt sich dann wohl jeden Tag in den Städten an?

Alle Bestandteile der Natur und alle Lebewesen sind unsere Freunde und unterstützen uns bereitwillig, wenn wir wissen, wie wir mit ihnen auf positive Weise, erfüllt von Verständnis und Achtung in Beziehung treten. Genauso verhält es sich mit unserer eigenen Natur. Wenn wir vergessen, mit uns selbst Verbindung aufzunehmen, dann verlieren wir den Bezug zu unserem Inneren. Wir fühlen uns verloren und geraten in Schwierigkeiten. Wie ein Gärtner, der seine Pflanzen hegt und Schönheit schafft, müssen wir auf unser inneres Wesen achten, damit wir andere mit unserer kreativen Energie anstecken.

Meine Mutter leidet seit meiner Geburt unter gesundheitlichen Problemen. Weil sie sich jedoch einer friedlichen Persönlichkeit erfreut, beklagt sie sich nie, hat vielmehr immer ein Lächeln im Gesicht. Haustiere, Pflanzen und kleine Kinder sind ihr die liebsten Gefährten. Sie alle entwickeln eine spontane Zuneigung zu ihr, auch die Blumen und Bäume. Neunundneunzig Prozent der Pflanzen, um die sich meine Mutter kümmert, gedeihen. Ich wünschte, wir alle würden unserem Leben mit dieser aufrichtigen Liebe und mit diesem großherzigen Verstehen begegnen. Unsere Herangehensweise käme leichtfüßiger daher, selbst im Angesicht unvermeidlicher Schwierigkeiten. Nun ja, wir können üben, wir alle können üben.

Ich bin wirklich der Auffassung, dass die Gartenarbeit etwas ganz Wunderbares ist. Nicht nur, weil ich Bäume und Pflanzen liebe, sondern weil ich glaube, dass wir durch die Arbeit im Garten lernen, die Natur wertzuschätzen. Zwar bin ich anders als meine Mutter keineswegs ein Gartenexperte, doch beglückt und erfüllt es mich, wenn ich tue, was ich kann. Ich weiß, dass unsere Nonnen die Gartenarbeit ebenfalls schätzen. Als wir die Landschaft rund um das Denkmal beim Druk Amitabha Mountain Kloster gestalteten, war die Freude aller an dieser schweren Arbeit unübersehbar. Wir alle quälten uns mit dem unwirtlichen Wetter und der Hitze, doch trug trotzdem ein jeder ein Lächeln im Gesicht. Wir bemühten uns sogar, beim Gärtnern keine kleinen Tiere zu töten. Wer gedankenlos und egoistisch nur um die Schönheit seines eigenen Grundstücks willen gärtnert, der nimmt den Tod zahlreicher Lebewesen in Kauf. Oberflächlich betrachtet erschaffen wir zwar etwas Schönes für die Welt, doch für all die kleinen Tiere sind unsere Veränderungen eine mit einem Erdbeben vergleichbare Katastrophe. Wenn es uns jedoch gelingt, in Harmonie mit der Natur zu gärtnern, dann erschaffen wir umso mehr Schönheit.

Die Natur hilft uns also, die Verbindung zu uns selbst herzustellen und zu verstehen, dass wir alle miteinander verbunden sind. Als Menschen sehen wir die Folgen unseres Einwirkens auf die Natur, ob es sich dabei um unseren eigenen kleinen Garten handelt oder um die Welt als Ganzes. Wir sehen, welch schwere Belastung es für die Umwelt darstellt, wenn wir unsere Zukunft nur im Hinblick auf unsere eigenen Wünsche und Bedürfnisse planen. Wenn wir niemals innehalten und Luft holen, können wir nicht erkennen, was um uns her geschieht, und machen weiter wie zuvor. Wenn wir unfähig sind, die Natur zu respektieren, wie sollten wir dann uns selbst mit Respekt begegnen?

Ich schneide deshalb so häufig ökologische Themen an, weil ich eine starke Parallele zwischen unserem Umgang mit der Natur und unserem Umgang mit uns selbst erkenne. Denn sobald du auch nur kurz innehältst und die Landschaft auf dich wirken lässt, wirst du besser für dein eigenes Leben sorgen und damit auch für das Leben aller anderen.

Sieh in dein Herz.
Folge deiner Natur.
Buddha

Gemeinsam gehen

Wir wollen den Menschen, die uns glücklich machen, dankbar sein; sie sind die wunderbaren Gärtner, die unsere Seelen erblühen lassen.

Marcel Proust

Im Verlauf der Reise unseres Lebens lernen wir viele Menschen kennen. Am Anfang unseres Weges stehen uns in der Regel die Eltern zur Seite. Später freuen wir uns dann, wenn wir uns mit Freunden und geliebten Menschen austauschen können, mit ihnen teilen, was uns inspiriert, und von ihnen Rat und Unterstützung erhalten. Wir achten aufeinander, weisen manchmal anderen den Weg und brauchen ein anderes Mal Hilfe, um unseren eigenen Weg zu finden.

Gute Freunde, Lehrer und Meister verdienen unsere höchste Wertschätzung, denn früher oder später sind sie es, die uns auf die eine oder andere Weise helfen, die richtige Richtung einzuschlagen. Indirekt oder direkt machen sie dich zu einem besseren Menschen. Selbst wenn du dich schlecht benimmst, können sie dir helfen, deine Probleme zu lösen, deine Irrtümer zu beheben oder dein Selbstvertrauen zu stärken. Dann kann wahres Glück aus dem Inneren erwachsen – aus deinem Inneren. So viel kann ein echter Freund oder ein guter Lehrer für dich bewirken.

Wenn ich meinen Schülern erkläre, was sie verbessern könnten im Hinblick auf ihre Lebensführung oder auf ihren Umgang mit anderen Menschen, dann sind sie manchmal enttäuscht, statt meine Ratschläge positiv zu bewerten. Ich hielt es immer für meine Aufgabe als Lehrer, meine Schüler auf Dinge aufmerksam zu machen. Doch selbstverständlich will ich zwischen mir und meinen Schülern keine Spannungen fördern, und so höre ich auf zu sprechen, wenn sie mir nicht mehr zuhören wollen. Es ist natürlich viel leichter, wenn man vom Lehrer und den Freunden unablässig gelobt statt kritisiert wird, auch dann, wenn man die falsche Richtung eingeschlagen hat – dafür habe ich Verständnis. Ich selbst muss mir auch immer wieder ins Bewusstsein rufen, dass ich gerade denjenigen, die mich auf meine Fehltritte aufmerksam machen, viel bedeute und dass sie deshalb meine Anerkennung ganz besonders verdienen. Wer immer nur darauf bedacht ist, diplomatisch zu sein und dir zuzustimmen, hilft dir nicht unbedingt. Es ist menschlich, dass wir lieber denjenigen zuhören, die nur Gutes über uns sagen, doch dem persönlichen Wachstum ist das nicht immer förderlich.

Freundschaft ist so unendlich wichtig, dass es mich immer sehr bedrückt, wenn ich Freunde sehe, die wegen Kleinigkeiten voneinander enttäuscht sind. Gute Gesellschaft lässt Mitgefühl, Güte, Weisheit und Seelenfrieden wachsen und verringert Begehren, Missgunst, Hass und Hochmut. Ein Freund kann zugleich ein Lehrer sein. Es kann sich um einen ganz normalen Menschen handeln, doch er kann zu deinem Mentor werden, weil er dich in deinen positiven Veränderungen unterstützt. Sobald du jemanden gefunden hast, der dir den Weg weisen kann, musst du ihn im höchsten Maß wertschätzen und sogar noch besser behandeln als dich selbst, denn ein solcher positiver Freund ist wie ein großer Meister oder ein Buddha. Schenke diesem Menschen aus der Tiefe deines Herzens alle Hochachtung, deren du fähig bist.

Bei der Suche nach einem Freund musst du sehr sorgsam vorgehen. Manche Menschen haben negativen, andere positiven Einfluss auf dich. Dem Einfluss eines Freundes kannst du dich nie entziehen. In meiner Vorstellung ist Freundschaft die Quintessenz aller Beziehungen. Denk nur daran, wie stark deine Intuition reagiert, wenn du jemandem begegnest, egal ob ihr euch zum ersten Mal trefft oder schon seit Jahren kennt. Du kannst die Energie des anderen geradezu körperlich spüren. Erscheint sie dir glücklich oder traurig? Friedlich oder aufgewühlt? Möchtest du diesem Menschen deine Zuneigung schenken oder dankbar die seine empfangen? Oder spürst du etwa das Bedürfnis, eine gewisse Distanz aufrechtzuerhalten? Missachte diesen ersten intuitiven Eindruck nicht; nicht selten ist dein Körper aufmerksamer als dein überbeschäftigter Geist.

Es sind die «Lehrer» in deinem Leben, die dir neue Räume eröffnen und dir wertvolle Einsichten bescheren. Ein Lehrer trägt dazu bei, dass die Wolken in deinem Kopf aufreißen und Wärme, Zärtlichkeit und Wissen sichtbar werden. Das kann in einem Augenblick des Wohlbefindens geschehen, ausgelöst durch seine Worte oder seine Berührungen. Oder aber du gestattest es ihm, weil er für dich ein so besonderer Mensch ist, dass er vorsichtig, in aller Freundschaft, mit Humor und unter Verzicht auf alles Schubladendenken die Schichten deines Egos abträgt und dich bedingungslos so annimmt, wie du bist. Ein Freund oder Lehrer, der uns hilft, unsere Aufgabe im Leben und den Sinn zu finden, wirkt auf uns besonders inspirierend. Inspiration ist ein echtes Geschenk, denn sobald wir uns durch etwas angeregt fühlen, können wir gar nicht anders, als die Gabe weiterreichen und andere beflügeln.

Menschen mit einer positiven Einstellung stehen in der Regel der «Natur» der Welt nahe. Sie respektieren ihre Eltern, Tiere, Bäume und Pflanzen und folglich auch ihre Freunde.

Ein Mensch, der seine Freunde nicht respektiert, der lässt es meist auch an Respekt für sich selbst mangeln. Solche Menschen wirken, als ob die Liebe zu sich selbst nur gespielt, aber eigentlich sehr zerbrechlich ist. Doch wenn du einen Menschen findest, der Verständnis ausstrahlt, dann behandle ihn mit Respekt, und du wirst dem Wesen der Dinge näherkommen. Solche Menschen sind uns eine Zuflucht; sie tragen dazu bei, dass sich unser ewig unruhiges Gemüt beruhigt. Sie verkörpern den inspirativen Geist der Ermutigung und müssen Hochachtung erfahren.

> ***Wenn der Reisende einen rechtschaffenen und weisen Gefährten finden kann, dann soll er sich ihm freudig anschließen und mit seiner Hilfe die Gefahren des Weges meistern.*** *Buddha*

Mein geliebter Vater ist ein Meister für diejenigen, die ihn für ihren spirituellen Weg im Leben als Führer brauchen. Für mich war es ein großes Geschenk, sein einziger Sohn zu sein. Obwohl ich in meiner Jugend schwierige Phasen durchlaufen habe, habe ich mich mein Leben lang nie alleingelassen gefühlt; inzwischen begreife ich, dass ich ihm die Kraft verdanke, die ich für meinen Kurs durch die schwierigen Phasen brauchte. Ich kann mir nicht vorstellen, dass auch nur einer von uns glauben darf, ein ebenso guter Vater zu sein, wie er mir einer war und ist. In meiner Kindheit schenkte er mir zahlreiche Spielsachen, die er aus kaputten Radios, Uhren, Kassettenrecordern und anderen Dingen gebastelt hatte. Normale Spielsachen, wie man sie im Laden kaufen kann, haben mir nie gefallen. Als ich älter wurde, brachte er endlose Energie auf, um mit mir Fußball, Frisbee oder Ähnliches zu spielen. Ohne je zu ermüden, schob er mich auf einem alten Dreirad einen Berg hinauf, damit ich ihn hinunterrollen konnte. Auch an Regentagen gab er nicht auf, sondern klemmte mich und mein Dreirad unter den Arm und imitierte dabei die Geräusche eines Geländewagens, der sich einen steilen, schlammigen Weg den Berg hinaufkämpft.

Ich mochte Pferde immer besonders gerne, und als ich ein bisschen älter war, fing er für mich gelegentlich eines der wilden Bergpferde ein, damit ich es streicheln konnte. Mitunter setzte er mich ihnen sogar auf den Rücken, vorausgesetzt sie waren nicht zu groß und wild. Mein Vater hat mir unendlich viel gegeben. Es ist eine solche Ehre, nicht nur einen guten, sondern auch einen liebevollen Vater zu haben, und es ehrt mich noch mehr, wenn ich daran denke, wie nett er außerdem war.

Als mein Vater acht Jahre alt war, wurde er als die Reinkarnation von Vairotsana erkannt. Ich glaube, er hatte eine sehr schwere Kindheit, weil seine Eltern ihn danach nicht weiter begleiten konnten. Er beklagt sich nie darüber, sondern erzählt nur Gutes. Ich schließe daraus, dass sein Leben durch den Rückhalt, den er bei meiner Mutter hat, und die aufrichtige Liebe, die beide füreinander empfinden, erfüllt ist von Glück und Frieden. Ich danke meiner Mutter von ganzem Herzen dafür, dass sie zum Wohl unserer Familie verständnisvoll und voller Liebe ist und dass mein Vater ihr mit höchstmöglicher Wertschätzung begegnet. Was für ein wundervolles Paar sie doch sind.

Eines Tages, nachdem Ananda eine ganze Weile konzentriert nachgedacht hatte, wandte er sich dem Buddha zu und rief: «Herr, ich habe nachgedacht: Spirituelle Freundschaft macht mindestens die Hälfte eines spirituellen Lebens aus!»
Entgegnet der Buddha: «Du hast unrecht, Ananda, du hast unrecht. Spirituelle Freundschaft und ein spirituelles Leben sind eins!» *Seelenverwandter Spruch*

Eine freundliche Gemeinschaft kann dir auf deinem Weg gute Gesellschaft sein. Sprich mit deinen Mitmenschen, denn wenn außer dir kein anderer weiß, in welche Richtung du unterwegs bist, können deine Interessen sich verlieren. Motivation ist wie eine Trommel, die jemand ununterbrochen spielt; Motivation ist der Rhythmus der Welt. Wenn du deinen Weg schweigend zurücklegst, dann wird sich irgendwann das Gefühl ausbreiten, dass es keinen Sinn hat, den Weg fortzusetzen. Lade also Menschen ein, dich zu begleiten, damit du ab und zu plaudern kannst, und damit ihr euch gegenseitig zum Lachen bringt und einander Halt und Orientierung gebt. Vielleicht legen ja auch du und ich eine Wegstrecke gemeinsam zurück, während du dieses Buch liest. Ich hoffe, es gelingt mir, deine gute Energie in die richtige Richtung zu lenken!

Der innere Lehrer

Der beste Lehrer wohnt in uns selbst. Genauso wie die Menschen in deinem Leben, die dir wertvolle Führer sein können, ist auch dein innerer Guru da, um dir bei der Suche nach deinem Weg zu helfen. Du kannst deinen inneren Lehrer auch als deine Intuition, deine Seele, dein Herz oder deinen inneren Kompass betrachten. Wenn jedoch die Last der Erwartungen auf deinen Schultern liegt, dann fällt es dir manchmal schwer, deinen inneren Lehrer zu hören oder herauszufinden, ob das Gehörte auch wirklich aus deinem Herzen kommt oder doch von Emotionen oder Vereinnahmungen vernebelt wird, die deine Gedanken und Gefühle kontrollieren.

Sobald du erkennst, welche Menschen dir in deinem Leben wirklich guttun, wirst du dich auch selbst besser kennenlernen und dir selbst wieder vertrauen. Dein natürliches Selbstvertrauen wird wachsen, und du wirst feststellen, dass dir selbst in schwierigen Zeiten alles viel leichter fällt. Noch immer wirst du dich ab und an über «falsche» Entscheidungen ärgern, doch bist du nun belastbarer und rascher wieder in der Spur, um deinen Weg fortzusetzen, ohne dass du dich in Selbstvorwürfen ergehst. Wenn du deinem Ego - du wirst es in dem Kapitel «Gehe leichten Fußes» noch kennenlernen - alle Entscheidungen überlässt, dann ist die Wahrscheinlichkeit für die Entstehung von Chaos viel größer, weil dein Ego so leicht verletzbar ist und sich schnell in die Defensive drängen lässt. Ein Wort der Kritik, und es bricht entweder unter der Vorstellung, dass es nicht vollkommen ist, verzweifelt zusammen, oder es bläst sich voller Bestürzung und Aggression auf: «Wer glaubst *du*, bist du, dass du meinst, *mich* kritisieren zu dürfen?» Dein entspannter innerer Guru gestattet es dir, Kritik viel besser anzunehmen, und wenn sie berechtigt ist, umso besser, dann hast du eine nützliche neue Lektion gelernt. Ist sie unangebracht, auch gut, dann kannst du sie freundlich ignorieren!

Auf negative Freunde verzichten

Leider gibt es Menschen in dieser Welt, die uns nicht guttun. Unbeabsichtigt leiten sie uns in die Irre, indem sie in uns Wut, Hass, Neid, Begehren oder Missverständnisse auslösen. Ich sage unbeabsichtigt, weil die Gefühle, die solche Menschen auslösen, lediglich Projektionen unserer eigenen Negativität sind. Doch sobald wir uns dessen bewusst sind, können sogar negative Menschen zu unseren Lehrern werden.

> ***Einen falschen Freund muss man mehr fürchten als ein wildes Tier; ein wildes Tier verletzt vielleicht deinen Körper, doch ein falscher Freund verletzt deinen Geist.***
> *Buddha*

Es ist wichtig zu lernen, dass wir negative Gefühle erkennen und richtig mit ihnen umgehen. «Dieser Mensch löst in mir Wut und Begierde aus. Es ist besser, ich ziehe mich still von ihm zurück.» Und wenn es dir gelingt loszulassen, dann denke auch: «Ich muss meine Kraft entwickeln, damit ich gegen meine Negativität angehen kann, sonst werde ich immer wieder nur auf diese Art Menschen hereinfallen, und die schlechte Gesellschaft nimmt kein Ende.»

Es kann schwer sein, sich von negativen Menschen fernzuhalten, entweder, weil man ihre Gesellschaft auf die eine oder andere Art zu schätzen weiß oder weil man sich ihnen, etwa wenn sie Kollegen sind, nicht entziehen kann. Hätten solche Menschen unheimliche Augen und ein unsympathisches Äußeres, dann hätten wir weniger Mühe damit, ihnen aus dem Weg zu gehen, doch leider wirken sie auf uns oberflächlich betrachtet meist sehr attraktiv und charmant. Wie viele Menschen beklagen sich nach dem Ende einer Freundschaft, dass er oder sie sich immer die «falsche Sorte Freunde» aussucht?

Denke an die Male in deinem Leben, in denen du unter negativem Einfluss standest. Wie ging es dir in dieser Zeit? Konntest du dich oder eine negative Variante deiner selbst spüren? Vielleicht hast du dich sogar auf eine Weise selbst bestraft, indem du diesem negativen Menschen nahe geblieben bist – schlechter Einfluss fördert die negative Wahrnehmung von uns selbst zutage, und gefangen in einem Negativkreislauf übernehmen wir tatsächlich die Rolle, die wir selbst erschaffen oder uns selbst auferlegt haben. Unsere natürliche, starke Selbstachtung und unser Selbstvertrauen werden untergraben, und wir glauben auf einmal, dass wir schwach oder schlecht sind, obwohl wir tief in unserem Inneren genau wissen, dass alles mit der Person zusammenhängt, die uns in die Irre führt. Natürlich machen wir uns dann selbst dafür Vorwürfe, dass wir uns dazu verleiten lassen, statt zu erkennen und zu akzeptieren, dass manche Menschen uns eben nicht guttun.

> ***Doch wenn es dir nicht gelingt, einen Freund oder Meister zu finden, in dessen Gesellschaft du gehen kannst, dann reise lieber alleine, statt in der Gesellschaft eines Narren.***
> *Buddha*

Zum Glück haben wir ja genug positive Freunde, die uns helfen, die Vorgänge zu durchschauen, einen Schritt von unseren negativen Gefühlen zurückzutreten und zu erkennen, dass wir unseren Wesenskern aus dem Blick verloren haben. Mit ihrer Hilfe kannst du herausfinden, ob der Kontakt zu diesem negativen Menschen deine Liebenswürdigkeit und dein Mitgefühl verringert. Wenn dein Weitblick und deine Güte aufgrund dieser Beziehung weniger werden, dann stimmt etwas nicht mit ihr. Nehmen außerdem Wut, Begehren, Hochmut oder Neid zu, dann läuft etwas grundlegend falsch. Anhand dieser beiden Faktoren kannst du überprüfen, ob diese Person dich negativ beeinflusst oder nicht.

Oberflächlich betrachtet wirken viele Beziehungen gesund – «Ach, weißt du, das ist wirklich ein netter Mensch.» Möglicherweise unterstützt uns dieser Mensch in einem bestimmten Bereich, doch ist es hilfreich, sich zu fragen: «Fühle ich mich in seiner Gesellschaft so gefördert, dass Weisheit, Verständnis, Freundlichkeit und Mitgefühl wachsen können?» Oder verhält es sich umgekehrt? Wirkt die Beziehung auf irgendeine Weise negativ, und ist sie der Anlass dafür, dass Wut oder Unwissen noch zunehmen? Die Art und Weise, wie eine Beziehung dafür sorgt, dass wir spirituell auf dem Weg nach unten sind, kann sehr subtil sein. Die Antwort auf eine solche Frage ist daher äußerst schwer zu finden, aber eben auch von größter Wichtigkeit.

Wir sollten das Fortbestehen einer Beziehung niemals erzwingen. Manchmal kommt es mir so vor, als wären auch normale Beziehungen wie eine Ehe. Wenn sie lange hält, wunderbar, doch wenn nicht, dann sollten wir dankbar dafür sein, dass wir einander wenigstens kennengelernt und eine gewisse Zeit verbunden gewesen sind. Es betrübt mich, wenn Menschen einander aufgrund von Missverständnissen aufgeben, wenn sie von großer Traurigkeit, von Reue und Wut erfüllt sind. Für die meisten von uns passen Trennung und Freude zweifellos nicht zusammen.

Leider kann es auch geschehen, dass uns unser inneres Ich im Verlauf unserer Reise ein negativer Begleiter wird. Zu leicht gehen wir diesem mentalen Feind in uns in die Falle. Wenn der Geist unter seinen Einfluss gerät, dann nehmen Wut, Begehren, Neid, Hochmut und all die anderen Ausdrucksformen unseres Egos rasch zu. Die Mehrheit der Menschen muss bis zu einem gewissen Grad mit diesem Gefährten leben, daher ist es wichtig, sich dessen bewusst zu sein und durch Wertschätzung ein Gegengewicht zu erzeugen. Es ist die Negativität in unserem Geist, die uns untergräbt und so viel überflüssiges Leid bewirkt. Doch indem wir uns nach den Dingen in unserem Leben umschauen, die uns mit Wertschätzung erfüllen, indem wir uns an die Menschen halten, die statt unserer Negativität unsere wachsende Weisheit spiegeln, gelingt es uns, unsere schädlichen inneren und äußeren Gefährten hinter uns zurückzulassen.

Suche nicht nach schlechter Gesellschaft oder nach Menschen, die kein Mitgefühl haben. Finde Freunde, die die Wahrheit lieben. *Buddha*

Ein Schritt führt zum nächsten

Jage nicht der Vergangenheit hinterher.
Verliere dich nicht in der Zukunft.
Die Vergangenheit ist vorbei.
Die Zukunft ist noch nicht da.
Der Praktizierende,
der das Leben wie es hier und jetzt ist
in aller Tiefe ergründet,
ruht in Stabilität und Freiheit.
Heute müssen wir fleißig sein.
Morgen ist es zu spät.
Der Tod kommt unerwartet.
Wieso glauben wir, mit ihm feilschen zu können?

Buddhistische Predigt

Während du hier sitzt und dieses Buch liest, verändert sich die Welt von Minute zu Minute. Vielleicht brechen die Blattknospen der Bäume jetzt gerade auf oder das Laub verfärbt sich herbstlich. Das Licht wechselt genauso wie deine Gedanken. Seit dem Moment, da wir auf diese Welt gekommen sind, werden wir Sekunde um Sekunde älter. Wie jeder andere Mensch möchte auch ich nicht alt werden, aber wir haben keine Wahl, alles ist vergänglich. Nichts bleibt so, wie es ist, und das gilt auch für uns. Vielleicht bist du als Kind von anderen in die Schublade «schüchtern» gesteckt worden, doch es gibt keinen Grund, warum du für immer mit dieser Etikettierung leben musst. Du bist heute nicht mehr derselbe Mensch wie gestern oder wie als Baby, aber du bist auch kein anderer. Du bist einfach du, jemand, der sich ständig entwickelt und wächst und verändert, von einem Augenblick zum nächsten, insbesondere, wenn du es dir *gestattest*.

Es ist äußerst befreiend, sich selbst aus den Zwängen und Sorgen der Zeit zu entlassen. Ich weiß, wie wichtig dieses Thema für die Menschen ist, die immer in Eile sind und meinen, dass der Tag nicht genug Stunden hat. Wir verbringen so viel Zeit damit, uns darüber Sorgen zu machen, was wir in unserem Leben geschafft haben und was nicht, dass wir ganz vergessen, uns an der eigentlichen Erfahrung zu erfreuen. Wir fühlen uns gefangen, bemühen uns um Leistung, treiben uns ständig zum nächsten Ziel voran und nehmen gar nicht mehr wahr, wo wir uns jetzt, in diesem Augenblick, befinden.

Vielleicht klingt es für dich nach Faulheit, wenn ich davon spreche, alle Sorgen um die Zeit abzulegen. Schließlich müssen doch wir alle auf die Zukunft blicken, damit wir auf das, was kommt, vorbereitet sind? Ich trete dafür ein, dass wir uns von all dem *Unsinn* befreien, der oft genug unseren Tag füllt und uns die Zeit stiehlt. Wenn du dir nicht die Zeit nimmst, in Ruhe zu frühstücken oder zu Mittag zu essen, verbringst du deine Zeit dann *vernünftig*? Bist du entspannt und fokussiert, gehst du auf im Fluss deiner Aufgabe, oder bist du nur mit dem beschäftigt, was gestern war oder morgen sein könnte?

Indem du dich von den Fesseln der Zeit befreist, wirst du wieder am Geschehen teilnehmen, am *eigentlichen* Geschehen. Es geht hier nicht darum, besonders lässig zu sein oder gar nichts zu tun. Du gibst ja nicht das Leben, sondern nur all den Unfug auf. Es steht dir frei herauszufinden, was dich inspiriert und was du wirklich mit deinem Leben anfangen willst. Das wird dich motivieren, noch härter zu arbeiten, und dein Leben mit Kreativität erfüllen. Zurückliegende Erfahrungen sind nur zurückliegende Erfahrungen, aber die Gegenwart ist von höchster Bedeutung, denn aus ihr erwächst die Zukunft. Wenn wir uns eine fruchtbare Zukunft wünschen, dann müssen wir uns mit der Gegenwart beschäftigen. Der Ursprung eines besseren Morgen liegt im Heute.

> ***Wenn ich weiß, dass ich morgen sterben werde, kann ich heute noch etwas lernen.*** *Tibetisches Sprichwort*

Betrachtest du die positive Seite der Vergänglichkeit, dann bedeutet sie, dass nichts in dieser Welt unmöglich ist. Alles verändert sich von einem Augenblick zum nächsten, nichts und niemand hat eine feststehende Identität und nichts und niemand bleibt, wie es oder er ist. Vergänglichkeit macht das Leben interessanter und anspruchsvoller. Außerdem bedeutet sie, dass wir selbst darüber entscheiden, was wir mit unserem Leben anfangen, ob wir es neu beginnen oder lehrreicher gestalten wollen. Wir sind unser eigener Schöpfer und voll und ganz verantwortlich für unser Schicksal. Alles ist möglich.

Unter diesen Voraussetzungen entfaltet das Leben seinen ganzen Reichtum. Du kannst das ganze Gerümpel ausmisten und ein neues Kapitel anfangen, eines, das echter Kreativität Raum gibt.

> ***Um die Welt in einem Sandkorn zu sehen***
> ***Und den Himmel in der Blüte einer Wildblume;***
> ***Halte die Unendlichkeit in deiner Hand***
> ***Und die Stunde birgt die Ewigkeit.***
> *William Blake, Auguries of Innocence*

Ergreife die Gelegenheit zur Veränderung

Die Wertschätzung der Tatsache, dass alles vergänglich ist, hilft dir, tiefes Verständnis für dein eigenes Leben und die Wechselbeziehung aller Dinge und aller Lebewesen zu entwickeln. Wir Menschen fürchten uns oft vor Veränderung, dabei haben wir gar keine Wahl. Uns ist es nicht möglich, dem Fluss des Lebens Einhalt zu gebieten, und ich finde, das ist gut so.

Sobald du erkennst, dass alles wandelbar ist, kannst du dich getröstet fühlen und dich an den Rhythmus der Welt anpassen. Du hast Freude an deinen Freunden und an deiner Familie und erwartest trotzdem nicht, dass sie für immer so bleiben, wie sie jetzt sind, und immer deiner Vorstellung und deinen Wünschen entsprechen. Du fühlst dich lebendiger und achtest auf Veränderungen, aber du wertest sie nicht; es ist für alles gesorgt. Negative Gefühle wie Wut werden auf natürliche Weise in die zweite Reihe verbannt, und du genießt jeden Augenblick, statt dir um das Sorgen zu machen, was vergangen ist. Du fragst dich, ob du wohl später noch fähig sein wirst, solche Wut zu empfinden, da du ja weißt, dass nichts in Stein gemeißelt und nichts unveränderlich ist. So gewinnst du ein wenig Zeit und Raum und kannst besser Kontrolle entwickeln. Vielleicht gelingt es dir noch nicht, das Entstehen der Wut zu verhindern, aber du beherrschst dein Handeln und deine Worte. Du wirst die Wut nicht mehr leichtfertig rauslassen.

Daran ist nichts schockierend, es ist einfach viel angenehmer. Du kannst auch akzeptieren, dass du dich heute gut fühlst, morgen aber eine Herausforderung auf dich wartet. Das Auf *und* Ab des Lebens als unausweichlich hinzunehmen, befreit dich von einer großen Last. Du lernst aus deinen Erfahrungen, ob sie nun gut oder schlecht sind, und du bist fähig, sie vollständig durchzustehen, anzunehmen und wertzuschätzen.

Negative Angewohnheiten aufgeben

Manche Menschen glauben, ihre Angewohnheiten geben ihnen ein Gefühl von Geborgenheit und erhalten den Ist-Zustand und den allgemeinen Fluss des Lebens aufrecht. Doch viel häufiger kommt es vor, dass wir zu Sklaven unserer Gewohnheiten und Etikettierungen werden, die wir oder andere für uns entworfen haben. Wir sind uns oft nicht sicher, ob wir überhaupt den Willen oder das Bedürfnis haben, uns zu verändern. Warum sollten wir es uns dann nicht leicht machen und einfach so fortfahren wie bisher? Aber natürlich ist es auf lange Sicht nicht nur unsere Entscheidung für den leichteren Weg, die uns einschränkt oder uns Schmerz und Leid beschert.

Ein gutes Beispiel dafür ist, dass wir uns in schwierigen Lebenslagen mit Essen trösten oder mit Alkohol versuchen, Entspannung zu bewirken. Oder wenn wir zu den unseren Menschen gehören, haben wir die Gewohnheit, immer angespannt zu sein oder aber auf jedem Fest den Salonlöwen zu geben. Unser Ego nutzt diese Marotten, um uns auch weiterhin den Fuß auf den Nacken zu setzen, und bestärkt uns in der Überzeugung, dass wir ein bestimmter Mensch sind, der nur bestimmte Dinge tut, während wir doch in Wahrheit jederzeit alles sein könnten.

Die Erkenntnis, dass Veränderung ein natürlicher Bestandteil des Lebens ist, macht es uns ein bisschen leichter, die Bereitschaft für Veränderungen in uns zu finden. Obgleich wir denken, dass Gewohnheiten uns das Leben leichter und vertrauter machen, sind sie tatsächlich oft dafür verantwortlich, dass wir aus dem Gleichgewicht geraten, statt es uns zu bewahren. Wer also isst und trinkt, um sich damit zu trösten, der isst und trinkt häufig zu viel und fühlt sich hinterher meist furchtbar schlecht und quält sich mit Schuld- und Reuegefühlen.

Aber auch wer sich eine «gesunde» Gewohnheit zugelegt hat, verbarrikadiert sich möglicherweise dahinter und weigert sich, über seinen Tellerrand zu blicken und Neues auszuprobieren. Wer hingegen im Gleichgewicht lebt nach dem Motto «alles in Maßen», hat einen sehr guten Leitsatz gefunden.

Von einem Augenblick zum nächsten kann sich alles verändern, warum also sollte man Energie auf die Beschäftigung mit dem Vergangenen oder der Zukunft verschwenden? Warum sollten wir versuchen, Kontrolle über die Zeit zu erlangen, über die Menschen, die uns nahestehen, oder sogar über uns selbst, da es sich doch um ein vollkommen aussichtsloses Vorhaben handelt? Diese Einsicht spielt sowohl in der Meditationspraxis als auch in unserem alltäglichen Leben, das wir ja möglichst lebendig, friedlich und glücklich gestalten wollen, eine entscheidende Rolle. Es ist vernünftig, die Dinge etwas leichter zu nehmen.

Dieses Wissen hilft uns, unseren Weg zu finden. Bereits ein kleiner Sinneswandel kann in deinem Leben Unglaubliches bewirken. Wir befinden uns stets auf einer Gratwanderung zwischen den Lektionen der Vergangenheit und der Unsicherheit der Zukunft gegenüber. Jeder Augenblick steht in einem relativen Verhältnis zum vorhergehenden und dem ihm nachfolgenden. Alle zusammen bilden einen fortgesetzten Fluss. Anfangs mag es uns so erscheinen, als ob wir oberflächlich und egoistisch sind, wenn wir nur in der Gegenwart leben. Doch sobald wir uns verpflichtet haben, immer im Interesse anderer zu handeln, empfinden wir das Abwerfen der Zeitfesseln als ungemein befreiend, und auf einmal schaffen wir so viel mehr.

Das Gesamtbild sehen

Aus dieser fließenden und offenen Perspektive heraus wirst du bald in jeder beliebigen Situation das Gesamtbild erkennen, statt immer nur festgefahrene Standpunkte zu vertreten. Die östliche Medizin beruht weitgehend auf diesem Prinzip. Praktiker beschränken sich nicht darauf, lediglich ein isoliertes Symptom oder den betroffenen Körperteil zu behandeln. Sie bemühen sich, das Symptom in seiner Beziehung zum gesamten Körper und auch zum Geist des Patienten zu sehen, weil sie versuchen zu verstehen, wie sich die Krankheit zum Ganzen verhält, und auf diesem Weg ihre wahre Ursache ermitteln wollen.

Mit der Einsicht, dass alles vergänglich ist und miteinander in Verbindung steht, kommen viele besser zurecht mit Situationen, die in ihnen zuvor die Wut hochkochen ließen, und stellen sogar fest, dass ihre Geduld wächst und mit ihr der Wunsch, eine Verbindung herzustellen und Veränderungen herbeizuführen oder wenigstens zu erkennen, dass bereits morgen alles anders sein wird. Vielleicht befürchtest du, dass sich hinter der Geduld nur eine Form von Feigheit, Faulheit oder Gleichgültigkeit verbirgt nach dem Motto: «Ich kann an der Situation ohnehin nichts ändern, also werde ich es gar nicht erst versuchen.» Der Schlüssel zur Veränderung bleibt das Handeln. Dennoch ist eher ein positives Ergebnis zu erwarten und auf längere Sicht ein besseres Karma, wenn man in einer beliebigen Situation mit Ruhe und Klarheit statt mit Wut reagiert. Wenn du einem Menschen oder einer Situation mit Wut entgegentrittst, dann wird die Emotion immer das wirkliche Potenzial der Begegnung überdecken.

Wichtig ist es, für dich herauszufinden, wie du jede Bewegung, jede Veränderung, jeden Gedanken und jede Erscheinung in deinem Leben als Lektion im positiven Sinn begreifen kannst. Hierbei ist es hilfreich, einige der Vorstellungen, mit denen wir uns hier befassen, herauszugreifen und zu überprüfen, wie sie in deinem Leben und in deiner Umgebung zum Ausdruck kommen. Wenn dir das gelingt, dann hast du dich wirklich auf den Weg gemacht. Dann ist es Zeit innezuhalten und dein Leben neu zu gestalten, indem du deine Motivation neu ausrichtest. Solange wir leben, steht uns diese Möglichkeit immer offen. Nutze diese Chance. Warte nicht länger, morgen ist schon zu spät!

Meditiere über Sonnenauf- oder -untergang

Die Natur hält viele Lektionen für uns bereit, und die Lektion über die Vergänglichkeit der Dinge ist eine der Bedeutendsten. Tag, der zur Nacht wird, die Jahreszeiten, der Wind, das Rauschen eines Wasserfalls, die Wellen des Ozeans, Sonnenauf- und -untergang: alle diese Naturerscheinungen bringen uns auf umfassende Weise etwas bei über unsere eigenen wandelbaren Emotionen und die Relativität der Wahrheit. Falls du dich gerade an einem Strand befindest, warum nicht ein wenig meditieren über und mit den Wellen? Verfolge, wie eine Welle in eine andere übergeht, betrachte, wie aus Ebbe Flut und aus Flut wieder Ebbe wird, stelle dir den unendlichen Ozean vor und wie alle Wassertropfen miteinander verbunden sind.

Die Reise zu meinem Freund, dem verehrungswürdigen Meister Hsin Tao auf seinem Berg Ling Chiu war äußerst anregend. Der Berg Ling Chiu heißt auf deutsch Geiergipfel. Er erhebt sich direkt aus dem Meer, und man kann an seinen Hängen und auf seinem

Gipfel zugleich die Winde blasen und den Ozean rauschen hören. Wenn wir über diese Klänge meditieren und über die immer wieder eintretende Stille, dann erfassen wir das Wesen des Lebens und der Vergänglichkeit, mit denen es sich genauso verhält wie mit den Wellen.

Karma verstehen

Ich bedanke mich immer bei meinem Karma, wenn sich etwas Gutes ereignet, etwa wenn ich alte Freunde und Schüler wiedersehe und sie gesund und zufrieden sind. In der modernen Welt wird Karma oftmals als etwas Mysteriöses oder Schicksalhaftes missverstanden, doch wir Buddhisten glauben nicht an Zufälle und auch nicht daran, dass sich ein Ereignis zuträgt, weil wir gerade Glück oder Pech haben.

Ereignisse sind einfach eine Angelegenheit von Ursache und Wirkung. Jede Handlung und sogar jeder Gedanke hat eine Wirkung und eine Folge. In der Hektik und Geschäftigkeit unseres Lebens gerät diese Tatsache leicht in Vergessenheit. Wir denken bei vielen unserer Entscheidungen im Laufe eines angefüllten Tages wenig oder gar nicht daran, dass sie eine Rolle spielen, dass *alles* eine Rolle spielt. Im Gegensatz zu der Vorstellung von einem festgefügten Schicksal ist Karma nicht starr. Jeder Mensch kann Einfluss auf sein Karma nehmen.

In der direkten Übertragung bedeutet Karma «Taten». Was immer du *tust*, ob es sich um etwas Physisches, Mentales oder um ausgesprochene Worte handelt, es sammelt sich im Karma. Natürlich *tun* wir so vieles und denken dabei nicht im Entferntesten an das Karma, aber wenn wir unser wahres Wesen etwas besser verstehen und unserer Weisheit näherkommen, dann werden wir die guten und schlechten Auswirkungen unseres *Tuns* besser nachvollziehen. Ein Mensch, der Zugang zu der ihm innewohnenden Weisheit hat, wird sich nicht so schnell zu leichtfertigen Entscheidungen hinreißen lassen, wie es uns im Alltag oft geschieht. Wir hasten umher, ohne uns unsere *Handlungen* wirklich bewusst zu machen, im Dunkeln über unseren Weg und im Unklaren über die Wirkung unsere Worte. Wir bleiben unablässig in Bewegung aus schierer Unwissenheit, sogar in unseren Träumen!

Im ersten Schritt müssen wir erkennen, was wir *tun*. Dieser Bewusstseinssprung sorgt dafür, im Hinblick auf unser Tun Unwissenheit durch Weisheit zu ersetzen – von innen heraus. Wir gewöhnen uns daran, auf unsere innere Stimme zu hören statt nur auf vernünftigen oder egoistischen Geist. Wir gestatten unserer Weisheit, zu wachsen und auf unnachahmliche Weise zu wirken.

Wir alle sind hier, um anderen auf jede nur erdenkliche Weise zu dienen. Unser Geist soll immer wachsam und bereit sein, zum Wohlergehen anderer zu handeln. Mir zum Beispiel gefällt es besonders gut, das Anpflanzen von Bäumen zu unterstützen. Man könnte mich fragen, wem das denn helfen soll. Ich kann nicht erklären, warum ich so sehr am Pflanzen von Bäumen interessiert bin. Ich liebe die Natur. Für mich ist es so: Wenn du einen Baum pflanzt, dann hilfst du ihm zu wachsen, zu überleben, und das wiederum hilft dem Leben insgesamt. Wachstum ist Leben. Du siehst zu, wie dein Kind jeden Tag ein Stück wächst, und das Bäumepflanzen ist ein ähnlicher Prozess. Es ist so ergreifend, dem Wachstum zuzusehen. Bäume produzieren Sauerstoff für Menschen. Ohne Bäume sinkt die Sauerstoffproduktion, es kommt zu Erosionen und Erdrutschen, es regnet weniger und Menschen leiden. Wenn einen die Konsequenzen nicht interessieren, kann man nach Bedarf Bäume fällen. Solange man selbst genug Holz für den Herd und für den

Hausbau hat, denkt man nicht an die Naturkatastrophen und ihre Folgen für die Gesellschaft. Wir Menschen können seltsam sein: Wir zerstören unsere eigenen Ressourcen wie zum Beispiel die Wälder, statt uns liebevoll um sie zu kümmern.

Sobald wir erkennen, dass alles von Bedeutung ist, sind wir rücksichtsvoller, denken an die Folgen unseres Handelns und daran, wie wir anderen nützen könnten. Sorgfalt und Fürsorge ziehen Gutes nach sich, ein ums andere Mal.

Karma und Schuldzuweisungen sind dasselbe

Manche Menschen verspüren das Bedürfnis, die Schuld für ihr Unglück beim Universum oder irgendeinem übergeordneten Wesen zu suchen. Stattdessen müssen wir uns klarmachen, dass die Ursache bei unserem eigenen Karma und unserer Achtlosigkeit liegt. Wenn wir das begreifen und aufhören, unser ganzes Pech und Unglück anderen in die Schuhe zu schieben, verstehen wir auch, wie hart wir an uns arbeiten müssen, wie achtsam wir mit unserem Tun und Denken sein sollten, damit uns in Zukunft nicht wieder Pech und Unglück zustoßen.

Mir ist klar, dass einem die Vorstellung von Karma schwerfällt, wenn man daran sieht, wie vielen Menschen Schreckliches zustößt. Doch wie bei so vielem im Leben gehört uns unser Karma nicht nur allein und funktioniert nicht unabhängig von anderen. Unser Karma hat einen kollektiven Charakter und ist mit dem aller anderen Menschen verbunden. Die buddhistische Philosophie lehrt sogar, dass dieses kollektive Karma viele Generationen zurückreicht – wir waren alle in der Vergangenheit bereits hier und werden es in der Zukunft wieder sein. Von einer banaleren Ebene aus betrachtet erklärt die moderne Wissenschaft, dass wir durch vorangegangene Generationen beeinflusst werden, indem wir ihre Gene und Eigenschaften erben. Wir selbst werden zukünftigen Generationen ebenfalls unsere Gene und Eigenschaften vererben und sie dadurch beeinflussen. Du siehst also, ein jeder von uns hält das Karma der Welt in seinen Händen. Deshalb dürfen wir uns nicht verstecken oder uns selbst als losgelöst von allen anderen empfinden. Jeder von uns ist *alle* Menschen. Auch wenn du und ich einen eigenen beziehungsweise anderen Hintergrund haben, durch unser Karma sind wir miteinander verbunden. Da wir diesem gewaltigen Karma gerecht werden müssen, haben wir es leichter, wenn wir einander unterstützen und ermutigen. Der spirituelle Weg, auf dem wir alle gehen, ist voller Schlaglöcher und Unebenheiten. Deshalb müssen wir uns an den Händen halten und einander mit Wärme, Aufrichtigkeit und Verständnis begegnen. Nichts ist unmöglich, vorausgesetzt wir halten zusammen.

Wegen unseres kurzen Lebens neigen wir leider zu allen möglichen Handlungen, die ein schlechtes Karma schaffen. Nur um ein schöneres Haus zu bekommen, um mehr Geld oder Spaß zu haben, handeln wir eigennützig, wenn es darum geht, der Beste zu sein und unser eigenes Glück zu fördern. Alle Menschen suchen nach Glück, doch indem wir unser eigenes Glück dem anderer voranstellen, erzeugen wir schlechtes Karma für die Welt.

Wenn wir das Gesetz des Karma verstehen, dann halten wir inne und denken nach, bevor wir nur an unser eigenes Glück denken. Sollen wir unser kurzes Leben so wichtig nehmen und das schlechte Karma anhäufen, oder sollen wir an andere und die noch kommenden Leben denken und unser Bestes tun, damit so wenig schlechtes Karma wie möglich entsteht? Die Dauer unseres Lebens währt nur einen Wimpernschlag lang, doch wie wir unser Leben führen, ist dem Universum für immer eingeprägt.

Wenn wir öfter innehalten, eine Pause einlegen und unser Tun, unsere Worte und Gedanken betrachten, dann erkennen wir Ursache und Wirkung besser. In der Folge verstehen wir langsam, dass die Veränderung der Ursache im Rahmen unserer Möglichkeiten eine Veränderung der Wirkung nach sich zieht. Beispielsweise könntest du herausfinden, dass du selbst weniger leidest, wenn du deine Missgunst zurückstellst und gegenüber dem betreffenden Menschen weniger schroffe Worte wählst. Und dass dich ein angenehmes warmes Glühen durchdringen wird, wenn du aufrichtige Freude über das Wohlergehen oder Glück eines Mitmenschen an den Tag legst. Aus diesem Grund sprechen wir zu anderen so viel über Liebe, Mitgefühl und Freundlichkeit. Sobald du bewusst auf diese Weise handelst, werden deine Liebe, dein Mitgefühl und deine Freundlichkeit dein Tun erstrahlen lassen und ein sehr gutes Karma schaffen.

Gehe leichten Fußes

Lasse deine Fehler und Sorgen hinter dir zurück. Schleppe sie nicht mit dir herum.

Buddha

Ich kenne eine alte Geschichte über einen Zen-Meister und seinen Schüler, die ich dir gerne erzählen möchte:

Der Meister und ein junger Mönch wollten einen Fluss zu Fuß durchqueren. Doch zuvor kamen sie am Flussufer an einer jungen Frau vorbei, die ebenfalls hinüberwollte. Sie war jedoch zu klein und zerbrechlich, um die Überquerung zu wagen. Also nahm der freundliche alte Meister sie auf seine Schultern und trug sie ans andere Ufer. Das verärgerte den jungen Mönch, da er meinte, sein Meister habe damit gegen die Vinaya, die «Regeln» der Meister, verstoßen. Ein paar Tage lang schwieg der Mönch, doch mit jedem zusätzlichen Tag wuchs seine Wut. Schließlich konnte er sich nicht mehr zurückhalten und teilte dem Meister seine Verärgerung mit. Der alte Meister konnte nicht aufhören zu lachen und sagte zu dem jungen Mönch: «Ich habe die Frau zurückgelassen, sobald ich sie am anderen Ufer abgesetzt hatte, aber du schleppst sie auch jetzt noch mit dir herum.»

Diese Geschichte lehrt mich, dass wir erkennen müssen, wann es an der Zeit ist, unsere Last abzuwerfen. Der Weg fällt dir leichter, wenn du kein zusätzliches Gewicht zu tragen hast. Schon möglich, dass du ein Dach über dem Kopf brauchst und etwas zu essen, doch was ist darüber hinaus wirklich unverzichtbar? Außerdem werden wir in unserem Vorankommen durch zahlreiche unsichtbare, aber äußerst starke Verpflichtungen gebremst. Möglicherweise werden wir von unserer Vergangenheit gesteuert, oder wir lassen uns von unseren Erwartungen an die Zukunft vereinnahmen. Wir wollen unbedingt, dass die Dinge auf ganz bestimmte Weise verlaufen, damit sie in unser Weltbild passen. Aber da wir doch ohnehin nie wissen, was uns nach der nächsten Kurve erwartet, warum sollten wir uns bemühen, die Zukunft vorherzusagen? Möglicherweise fühlen wir uns durch unsere Unsicherheit gefesselt, durch die Ängste, die neue Wege und mögliche Fehler in uns auslösen. Oder wir haben so feste Vorstellungen von unserem Ziel, dass jegliche Abweichung Enttäuschung und Versagensgefühle hervorruft.

Es ist äußerst menschlich, Wert auf bestimmte Dinge im Leben zu legen, insbesondere auf Menschen, Orte und unsere Erfolge. Wir dürfen Bindungen, die uns vereinnahmen, nicht mit der liebevollen Fürsorge für einen Sohn, eine Tochter oder andere Familienmitglieder verwechseln. Es ist ausgezeichnet, wenn wir uns um unsere Eltern, unser Unternehmen oder unsere Nachbarn kümmern.

Es geht darum, zu erkennen, wann Beziehungen uns weiterbringen und Wachstum gestatten und ob sie uns in Schwung bringen und inspirieren oder aber uns fesseln, bremsen, Angst machen und Langeweile entstehen lassen. Bindungen wirken dann vereinnahmend, wenn wir einem Menschen oder einer Sache ein Etikett verpassen und dieses Etikett nicht mehr in Frage stellen. Sobald wir jemanden in eine Schublade stecken, ist eine Verletzung oder Enttäuschung vorprogrammiert, zum Beispiel wenn wir die Person verlieren, sie sich verändert oder aber wir uns das Haus, das wir einmal unbedingt haben wollten, nicht mehr leisten können. Wenn wir einen Menschen mit dem Stempel «meins» versehen, sind wir schnell verärgert oder eifersüchtig, wenn er nicht so ist, wie wir uns das wünschen.

Möglicherweise bepflastern wir uns auch selbst mit Etiketten, weil uns die Erfahrung «beweist», dass wir bestimmte Dinge nicht können oder bestimmte Eigenschaften nicht haben. Oder aber wir gestatten uns Sehnsüchte, die uns veranlassen, das Glück am falschen Ort zu suchen. Gelingt es uns, solche Vorstellungen aufzugeben, dann können wir leichten Schrittes gehen und ein unbefangener Mensch sein. Es steht uns frei, unserem Herzen überallhin zu folgen.

Vereinnahmende Bindungen abbauen

Ich befinde mich wieder in Hemis, in dem heiligen Kloster, in dem ich, seit ich sieben oder acht Jahre alt war, viele Jahre in spiritueller Einkehr zugebracht habe. Im Ladakh fühle ich mich am meisten zu Hause. Jedes Mal, wenn ich dort zu Besuch bin, freue ich mich so sehr, dort zu sein, und bin so traurig, wenn ich wieder fort muss. Obwohl mir klar ist, dass es sich dabei um eine starke Bindung handelt und dass es nicht ratsam ist, an irgendetwas in dieser Welt festzuhalten, kann ich einfach nicht anders. Viele große Gurus und heilige Dakinis haben diesen wunderschönen Ort geweiht, haben ihre Fußspuren hinterlassen und ihre Stupas, Paläste, Statuen und viele andere heilige Spuren, die uns zu unserem uranfänglich reinen Wesen zurückführen.

Wir alle benötigen unterschiedliche Inspirationen und Ermutigungen – besondere Orte, Denkmale und Menschen, die uns dazu anregen, gute Dinge zu tun und freundlich zu sein. Ich bin so froh darüber, dass das Ladakh da ist, um uns all das zu bieten. Ich möchte alle dazu ermuntern, das Ladakh zu besuchen und sich in dieses wunderbare Land zu verlieben. Es ist besser, sich in etwas Gutes als in etwas Schlechtes zu verlieben, nicht wahr?

Wie du an meiner Zuneigung zum Ladakh und seinen Menschen sehen kannst, habe ich erkannt, dass es zu unserem Wesen als Mensch gehört, Bindungen einzugehen – insbesondere dann, wenn uns etwas oder jemand inspiriert oder ermutigt. Den Grad unserer Bindung an materiellen Besitz, Orte, Emotionen, Erwartungen, Menschen, die Vergangenheit, unsere Erfahrungen und sogar an unser Ego zu erkunden, sind hilfreiche Schritte auf unserem Weg.

Einsicht entsteht, wenn wir erkennen, ob unsere Beziehungen positiv, unverkrampft und freudvoller für uns sind oder ob sie zusätzliche Unruhe und «vereinnahmende» Emotionen in uns hervorrufen. Schließlich gibt es so viele wünschenswerte Dinge in unserer Welt, dass man sich von all dem Reichtum leicht davontragen lassen kann. Beim Griff nach immer neuen Annehmlichkeiten kann dein Leben große Ähnlichkeit mit einem Wirbelwind entwickeln, und deshalb ist es unbedingt erforderlich, dass du mit Geduld vorgehst. Es wird dir nicht gelingen, deinen Seelenfrieden zu finden, wenn du dich zu stark an Dinge bindest. Stattdessen wirst du Gefühle wie Missgunst oder Frustration entwickeln. Beispielsweise könnte es dich quälen, wenn ein anderer mehr hat als du oder angesehener ist. Du verstrickst dich in Vergleichen, entwickelst Ängste und steckst voller Sorgen, kannst nicht mehr klar denken und beschäftigst dich zu viel mit anderen oder mit der Frage, ob du gut genug bist, statt zu handeln und zu leben.

Doch wenn du dich innerlich vor Vereinnahmungen schützt, dann kannst du Besitz annehmen und loslassen. Du bist weniger an deine Vorstellungen gekettet, sondern begreifst, welchen Anschein du und dein Leben nach außen hin haben – es kommt nur darauf an, was du im Inneren bist. Du musst natürlich nicht deinen gesamten Besitz fortgeben und im Himalaja in einer Höhle meditieren, um Glück oder

Erleuchtung zu finden. Du kannst dich gleich hier und jetzt mitten im Reichtum deines eigenen Lebens im Loslassen üben.

Verlieren kann man nur das, woran man sich klammert.
Buddha

Bindung ist im eigentlichen Sinne eine Hürde zwischen dir und dem, was du erreichen willst; eine Kette, die deine Gedanken und Handlungen einschränkt und die dich hindert, dein ganzes Potenzial zu entwickeln. Ist dir schon einmal aufgefallen, dass sich reiche Menschen ein bisschen anders bewegen? Das verursacht ihr Stolz; sie sind nicht besonders flexibel, und deshalb wirken ihre Bewegungen steif. Wenn man reich ist, dann stellt Toleranz eine besondere Herausforderung dar. Man kann sich kaum beugen, doch genau hier muss Toleranz zum Einsatz kommen. Die Gefahr ist groß, dass der Reiche sich seinem Geld mehr verbunden fühlt als seinem Partner oder seiner Partnerin. Reich zu sein bedeutet nicht, reich an Güte zu sein. Doch mit zunehmendem Wissen und Verständnis kann man lernen, tolerant und flexibel zu sein, ohne deshalb zum Snob zu werden. Gleich, wie viel Geld man hat.

Ebenso wenig, wie an Reichtum an sich etwas auszusetzen ist, so ist auch gegen einen guten Ruf für bestimmte Tätigkeiten nichts einzuwenden. Damit du jedoch nicht über die Stränge schlägst und der berechtigte Stolz auf deine Leistung sich nicht in Überheblichkeit verwandelt, musst du lernen, dich zu gedulden. Überheblichkeit entfernt dich von deinem Wesenskern und verursacht Leid. Wenn Ruhm oder Ansehen dein Selbstbewusstsein stärken, dann kannst du leicht glauben, nichts anderes mehr zu brauchen – «Ich habe jetzt alles erreicht, mich kennt jeder.» Doch unter dem Strich brauchst du wie jeder andere Mensch deine Familie, ihre Unterstützung und ihre Fürsorge. Was immer für dich unverzichtbar war, bevor du seine Position erlangt hast, du brauchst es weiterhin und wirst es immer benötigen. Beherzige diese Lektion, damit du das Gleichgewicht in deinem Leben aufrechterhalten kannst.

Das letzte Hemd hat keine Taschen, und du kannst nichts mitnehmen. Besitz, Ansehen, Beziehungen und auch deinen Körper musst du schließlich hinter dir zurücklassen. Du hast nur einen Magen, den du füllen musst. Gleichgültig, wie lange gute Freunde und Verwandte miteinander leben, der Zeitpunkt der Trennung wird kommen. Was immer du errichtest, sei es ein Firmenimperium oder ein Haus, irgendwann wird es einstürzen. Natürlich sollst du dich trotzdem darum kümmern, aber es ist eben nicht ratsam, die Bindung zur Vereinnahmung geraten zu lassen.

Hoffentlich denkst du nicht, ich sei ein Pessimist, aber das ist die Wirklichkeit, in der wir leben. Sobald wir das erkennen, wissen wir auch, dass es wenig Sinn hat, wütend aufeinander zu sein, selbst wenn manche Menschen äußerst provozierend sind und unangenehme Gefühle wie Wut verursachen. Wenn du dir die Zeit nimmst, über diese Zusammenhänge nachzudenken, dann wird dir rasch klar, wie sinnlos es ist, wütend oder ärgerlich zu werden, denn am Ende sind wir auf uns allein gestellt. Nichts anderes bleibt.

Mit dieser Einsicht fällt es dir viel leichter, deinen Mitmenschen auf einer Ebene zu begegnen. Egal wie reich du bist, du kannst dich bücken, um den Boden aufzuwischen, mit deinen Enkeln spielen und anderen dienen. Ich weiß, wie schwer es ist, all diese Dinge loszulassen, die wir so sehr begehren und von denen wir meinen, dass sie unser Glück bedeuten. In unserem Leben gibt es vieles, auf das wir nicht gerne verzichten wollen, doch diejenigen, denen es gelingt, sich von ihrem Besitz, ihrem

Körper und ihrem Ego nicht vereinnahmen zu lassen, sind die glücklichsten Menschen der Welt.

Bindungen erzeugen eine Geisteshaltung des «Ich sollte ...»

Die Vereinnahmung durch eine bestimmte Lebensweise belastet uns mit zusätzlicher Last. Manche Eltern verlangen sogar von ihren Kindern, dass sie sich an eine bestimmte angemessene, vorgeschriebene Lebensweise «gewöhnen». Kein Wunder, dass diese Art der Anpassung den Menschen Fesseln anlegt; sie fühlen sich erdrückt von Erwartungen und Vergleichen. Eine Zeitlang geht es ihnen vielleicht gut, weil sie die Verantwortung für ihr Glück und ihr Leben an eine Rolle übertragen, die sie sich auferlegen. Doch nach und nach wird die Last schwerer, und es entstehen Bedauern und Zweifel, ob den Erwartungen wirklich entsprochen werden kann.

Erwartungen zerstören die Schönheit des Lebens und des Unerwarteten. Sie beschäftigen dich derart, laufen so schnell vor dir her, dass du kaum mithalten kannst. Erwartungen erzeugen Angst. Du hast Angst davor, dass du sie eventuell nicht erfüllen kannst, du bist unzufrieden, wenn das Leben deinen Erwartungen nicht entspricht. Enttäuschung ist vorprogrammiert, selbst wenn alles nach Plan läuft. Du selbst beraubst dich mit deinen Erwartungen jeder Aussicht auf Glück. Deshalb rate ich dazu, darauf zu verzichten, dann kannst du mit jedem Ergebnis zufrieden sein. Auf Erwartungen zu verzichten bedeutet nicht, dass es dir in deinem Leben an Richtung und Motivation fehlt, und auch nicht, dass die Vielzahl der Möglichkeiten bei dir keinen Optimismus und keine Aufregung auslösen. Vielmehr sorgst du selbst für deine Entlastung, musst nicht zwanghaft in die Zukunft blicken oder eine bestimmte Version der Zukunft erzwingen. Dein Glück ist nicht an *Bedingungen* geknüpft, vielmehr bist du frei, das Heute zu leben.

Um uns von festen Vorstellungen zu befreien, müssen wir nicht einmal unsere Lebenssituation verändern; alles hängt davon ab, wie wir die Dinge einordnen und welche Einstellung wir zu ihnen haben. Befreie dich von deinen Verpflichtungen und Schuldgefühlen und gehe leichten Fußes.

Vereinnahmende Personen und Dinge aufzugeben, wird dich weiter voranbringen. Wenn du vor großen Problemen, Entscheidungen oder Herausforderungen stehst, dann werden sie dir nicht mehr so bedrückend vorkommen, wenn du dich im Inneren bereits von ihnen befreit hast. Du hast auf dein Herz gehört und die bestmögliche Entscheidung getroffen. Du bist dir dessen bewusst und akzeptierst, dass du nicht mehr als dein Bestes tun kannst. Da du nun freier und flexibler bist, kannst du dich Veränderungen schneller anpassen, fühlst dich besser vorbereitet und leichtfüßiger. Du bist fähig, die Dinge aus unterschiedlichen Perspektiven zu betrachten, statt nur eine festgefügte Sichtweise zuzulassen. Alles wird viel einfacher.

Besitz

Materieller Besitz kann zur Falle für uns werden, wenn wir nicht achtgeben. Materieller Besitz erzeugt in uns die Vorstellung, dass in der Welt alles «feststeht», während das Gegenteil der Fall ist. Fest steht lediglich, dass alles im Wandel ist. Besitz kann eher dazu führen, dass deine Gedanken und Gefühle zum Leben einengend wirken. Unsere Vorstellungen verlieren unter dem Einfluss von materiellem Besitz ihre Beweglichkeit und ihren Fluss.

Wir bauen ein Haus und sagen dann: «Das ist mein Haus», und schon stecken wir fest. Plötzlich bist du untrennbar mit deinem Haus verbunden und meinst, es sei ein Teil von dir. Wir glauben, es sei für immer, als könnten wir es mitnehmen in unser nächstes Leben. Wir Menschen sind einfach zu besitzergreifend. Natürlich gibt es nichts daran auszusetzen, wenn man ein Haus besitzt oder reich ist, doch ein Haus oder Reichtum kann nicht zu einem Teil deiner selbst werden. Deine Wurzeln stecken nicht in deinem Besitz, sondern tief in deinem Inneren.

Ich habe einen Freund, der von Beruf Geldmakler ist. Ich weiß nicht genau, was er im Detail tut, doch er ist mein Schüler und arbeitet seit vielen Jahren an sich. Es ist einige Zeit her, da standen er und seine Geschäftspartner vor großen Schwierigkeiten. Ihre Bank war zusammengebrochen, und sie hatten ihr gesamtes Geld verloren. In der Folge stürzte sich der Bankdirektor vom Dach des Gebäudes in den Tod, einige der Partner meines Freundes hatten Herzinfarkte und andere Nervenzusammenbrüche. Auch heute noch ist er der Einzige von ihnen, der sich in guter Verfassung befindet. Ein paar Wochen nach dem Zusammenbruch der Bank hatte ich Kontakt mit ihm, und es ging ihm erstaunlich gut. Selbstverständlich machte er sich Sorgen um seine Familie und sein Unternehmen, doch weil er sich mit der Situation nicht eins machte, hatte sie nicht die gleiche Auswirkung auf ihn wie auf seine Partner. Um die Wahrheit zu sagen, ich war überrascht. Ich hatte sogar einen Moment lang gezögert, mich mit ihm zu treffen, weil ich befürchtete, es könnte ihn zu sehr aufregen, über seine Situation zu sprechen. Aber im Gegenteil, er lächelte wie immer.

Wenn dein Handeln aus der Tiefe deines Herzens kommt, dann wirst du, auch wenn extreme Schwierigkeiten auftreten, nicht unter ihrem Gewicht zusammenbrechen. Du kannst jeden Tag annehmen, wie er kommt, und kannst deinen Weg fortsetzen, statt zu befürchten, das Ende deiner Welt erreicht zu haben. Dazu braucht es viel Übung, doch wir dürfen klein anfangen.

Verzehrende Emotionen

Am sichtbarsten werden jene Emotionen, die das Potenzial haben, uns und anderen zu schaden, wenn man sie als «verzehrende» Emotionen begreift. Du brauchst dir nur Wut, Missgunst, Stolz und sogar Begehren vorzustellen. Wenn sie sich erhitzen, dann vernebeln sie unsere Gedanken, blockieren unser Mitgefühl und verstellen uns den Zugang zu unserem Wesenskern. Wir werden im wahrsten Sinn des Wortes hitzköpfig, Wut oder Begehren bricht auf Kosten anderer Gefühle aus uns hervor oder steigert sich in unserem Inneren bis zum Siedepunkt, sodass wir keinen klaren Gedanken mehr fassen können.

> ***Es ist möglich, beeinträchtigende Emotionen – wie zum Beispiel Missgunst, Wut, Hass, Angst – zu beenden. Wenn du erkennst, dass diese Emotionen immer nur befristet auftreten, dass sie vorüberziehen wie Wolken am Himmel, dann weißt du auch, dass du dich letztlich nicht von ihnen vereinnahmen lassen musst.*** *Seine Heiligkeit der Dalai Lama*

Gute Gefühle wie Liebe und Leidenschaftlichkeit veranlassen dich gleichfalls zu einem hohen Maß an Zuwendung. Sie können dich sogar zum Weinen bringen. Doch haben sie keinen egoistischen Ursprung, sondern entstehen aus Mitgefühl und aufrichtig empfundenem Interesse am Wohlergehen eines anderen Menschen. Es kann zwar passieren, dass du der Lust in die Fänge gehst und dich sehr einsam fühlst, wenn du allein bist, aber mit echter Liebe geht auch ein Gefühl von Freiheit einher. Diese Freiheit erlaubt es dir, dich einer Person oder einer Sache zuzuwenden, dabei aber weder von deinen Gefühlen noch von der Person beziehungsweise der Sache kontrolliert zu werden und auch deinerseits keine Kontrolle über die andere Person oder Sache anzustreben. Sobald ein Kontrollbedürfnis in dir erwächst, nehmen deine Emotionen einen verzehrenden Charakter an, versetzen dich in Aufregung, lösen Unbehagen bei dir aus und entfernen dich von dir selbst.

Stolz

Vor Stolz muss man sich hüten, jeden Tag. Du blickst in den Spiegel und empfindest Stolz. Vielleicht hast du schöne Augen oder eine gut geschnittene Nase und bist stolz darauf. Es gibt so viele Dinge, die Stolz in uns auslösen können. Heutzutage wird das oft positiv bewertet, weil es mit Selbstbewusstsein verwechselt wird. Man fordert dich auf, stolz auf dich zu sein und deine Familie und Freunde stolz auf dich zu machen. «Tritt hinaus in die Welt, sei stolz auf dich, sei nicht schüchtern, du bist der Beste.» Dieser Anweisung verdankt die Welt ihren chaotischen Zustand; zukünftige Generationen werden unter den Folgen zu leiden haben.

Alles, worauf du stolz bist, ist zwar sehr schön, aber ich rate dir dennoch, deinen Stolz aufzugeben. Schöne Dinge sind für immer schön. Es ist nicht notwendig, dass wir unseren Stolz in sie investieren, wir können sie einfach sein lassen, wie sie sind. Mögen sie gut sein und nicht das Potenzial entwickeln, Schaden zu tun, indem sie Neid erzeugen oder gieriges Begehren nach mehr. Wenn du auf Stolz verzichtest, kannst du alles haben. Alles ist in Ordnung, weil du den Dingen aufgeschlossen begegnest. Doch vor Gefühlen des Hochmuts und Stolzes musst du dich in Acht nehmen – stolz auf deinen Körper, dein Geld, deinen Namen oder dein Ansehen. Sei vorsichtig.

Missgunst

Wie Stolz ist auch Missgunst sehr heimtückisch und kann sich jederzeit einschleichen. Wut und Begehren sind weniger heimtückisch. Wir merken meist sofort, wenn sie ihren Auftritt haben. Stolz dagegen wird leicht mit Selbstbewusstsein verwechselt, und Missgunst schleicht sich in unseren Alltag ein, wenn wir unser Bestes geben, erfolgreich zu sein. Beim Streben nach Leistung ist es verführerisch, sich mit anderen zu vergleichen und jene neidisch beäugen, die vermeintlich besser vorankommen als wir. Oder aber wir klammern uns zu sehr an eine Beziehung und finden in allem einen Grund, um eifersüchtig zu werden. Es gelingt uns nicht, entspannt und locker mit unserem Partner oder Freund umzugehen. Missgunst ist eine äußerst ernste Emotion. Sie hält uns davon ab, zu lernen und zu wachsen, sie erzeugt überall Missverständnisse und überschattet unsere Anstrengungen, sodass wir, obwohl wir unser Bestes geben, keine Freude am Leben haben und sich alles vergiftet anfühlt.

Wut

Wut wird oft als «roter Nebel» beschrieben, der uns überfällt, als hätten wir nicht mehr länger die Kontrolle über unsere Emotionen oder unser Handeln. Die Wut kann uns überwältigen. Doch es ist ebenso möglich, mit der Zeit und ausreichender Übung, die Kontrolle über Wut zu erlangen, die Flammen des Zorns einzudämmen und durch wachsende Gefühle der Toleranz und Geduld zu ersetzen.

Wenn du es zulässt, dass deine Wut hochkocht, dann wirst du ohne Zweifel andere Menschen mit Worten oder Handgreiflichkeiten verletzen. Doch derjenige, dem du am meisten schadest, bist du selbst. Bedenke, wie verunsichert du dich nach einem Wutausbruch fühlst. Natürlich ist es nicht gesund, Wut in sich zu verschließen, sodass sie schmerzhaften Druck erzeugt, der jederzeit zur Explosion führen kann. Aber wenn du es nicht lernst, deine Wut im Inneren zu kontrollieren, dann werden ständig irgendwelche Auslöser im Äußeren in Erscheinung treten; sie werden dich nie in Ruhe lassen.

Wut kocht in uns häufig dann hoch, wenn wir meinen, in eine Sackgasse geraten zu sein. Es gelingt uns nicht, uns verständlich zu machen, also brüllen wir stattdessen. Zwischen Familienmitgliedern, bei der Arbeit oder auch im Bus oder Zug kommt es oft zu Wutausbrüchen. Warum aber überfällt uns Wut so plötzlich und mit solcher Macht? Warum nimmt in der westlichen Welt die Wut zu, wo doch hier so viel Wohlstand und Annehmlichkeit existieren? Was verursacht die Wut in der westlichen Welt?

Sei dir bewusst, dass wütende Menschen in Wahrheit in ihrem Herzen leiden; das ist nicht gut. Für viele würde es bereits ausreichen, etwas weniger verbissen zu sein. Wenn du spürst, dass sich in dir Wut zusammenbraut, dann trete im Geiste einen Schritt zur Seite und frage dich, ob es dir wirklich weiterhilft, jetzt zu explodieren. Bist du fähig, deine Wut zu erkennen und von ihr zu lernen, ohne sie an anderen auszulassen? Du kannst auch weiterhin großen Anteil nehmen, dein Argument anbringen oder einen Mitmenschen vor Schaden bewahren, doch sollte dies ruhig und nicht mit einem unkontrollierten Ausbruch geschehen, der sich meist negativ auf das gesamte

Umfeld auswirkt. Mit der Zeit wird es dir gelingen, hinter die Wut zu blicken und ihre Ursache zu erkennen. Du wirst dieses heftige Gefühl abstreifen und *deinen Weg fortsetzen*.

Begehren

Begehren ähnelt dem Trinken von Salzwasser: je mehr man trinkt, desto durstiger wird man. Wenn du deinem Begehren blind Folge leistest, dann wird es dich verrückt machen, und du wirst mehr und mehr nachgeben, während dein Begehren immer weiter anwächst und du nie für lange Zufriedenheit findest.

Begehren ist eine schwierige Emotion, weil sie eng mit Freude und Liebe verbunden ist. Doch auch wenn sie äußerst starke und angenehme Gefühle auslösen kann, rate ich dir, dein Begehren kritisch unter die Lupe zu nehmen. Ist es vereinnahmend und fordernd – «Ich will dieses, ich will jenes, ich will dich» –, oder bezieht es sich wirklich liebevoll ohne Kontrollsucht auf dich oder das Objekt deines Begehrens? Stell dir den Augenblick in einer Beziehung vor, in dem sich das intensive, schmerzhafte Gefühl des Begehrens in eines verwandelt, das entspannter und leichter ist; diesen Moment, in dem du erkennst, dass es eine gute Beziehung ist und du wieder normal atmen kannst. Ist nicht das der Augenblick, der erfüllt ist von wahrer Liebe und Freude?

Negatives Begehren aufzugeben heißt nicht, dass du alles aufgeben musst, das du magst. Es geht um das vereinnahmende Begehren, dem du dich zu sehr verhaftest und das in dir ein Gefühl der Gier oder Intensität befeuert. Es ist sogar möglich, sich an Schmerz zu binden, ob es nun emotionaler oder physischer Schmerz ist. Wissenschaftler haben nachgewiesen, dass Menschen, die Schmerzen *erwarten*, sie mit größerer Wahrscheinlichkeit auch erfahren werden. Ich meine, dieselbe Aussage kann man auch für unser Gefühlsleben treffen. Begehren tritt oft vermischt mit Schmerz in Erscheinung, und das gefällt möglicherweise einem Teil von uns, oder wir meinen, es sei Schicksal, dass wir uns von Schmerzen angezogen fühlen. Gelegentlich verleitet uns diese Art Begehren oder Schmerz dazu, uns lebendig zu fühlen. Doch tatsächlich könnte man nicht weiter von der Wahrheit entfernt sein.

Je tiefer du in den Fluss deines Lebens eintauchst, desto weiter wird die Intensität dieser verzehrenden Emotionen abnehmen, Provokationen werden länger brauchen, um das emotionale Feuer anzufachen, und deine Geduld und Toleranz wird zunehmen, während Wut und Missgunst abnehmen. Ich nehme an, dass viele Menschen fürchten, einen wesentlichen Teil ihrer selbst einzubüßen, wenn sie ihre Wut in die Schranken weisen. Sie glauben, hitzköpfig sein heißt leidenschaftlich sein, oder ihre Wut sei ein Zeichen für Anteilnahme. Aber seien wir ehrlich: Hast du wirklich das Gefühl, du selbst zu sein, wenn das Feuer deiner Wut dich verzehrt, oder kommt es dir nicht doch eher so vor, als seiest du von etwas besessen? Vielleicht geht es dir um das Gefühl der Erleichterung, das sich zunächst einstellt, wenn man so richtig Dampf ablässt. Aber wie fühlst du dich hinterher wirklich? Geht es dir tatsächlich gut mit dir selbst?

Wenn verzehrende Emotionen außer Kontrolle geraten, dann verlieren wir, denke ich, unser Verständnis für uns selbst und andere und geraten stattdessen unter die Kontrolle unserer Emotionen und unserer Unvernunft. Verzehrende Emotionen kommen mir vor wie eine undurchdringliche, zähflüssige Dunkelheit, die uns daran hindert, zu *sehen*.

Diese Dunkelheit kann uns innerhalb von Sekunden übermannen, etwa wenn wir uns beeinträchtigt fühlen durch den aggressiven Fahrstil des Vordermanns, die Vermüllung der Landschaft, Pöbeleien oder eine herabsetzende Gardinenpredigt, die wir gerade einstecken mussten. Oder aber die Glut wurde angefacht, weil wir mit unserer Arbeit oder Beziehung unglücklich sind. Was auch immer die Wut in uns auslöst, dass wir wütend sind, ist bereits ein Zeichen dafür, dass wir uns von unseren Emotionen haben vereinnahmen lassen. Nach unserer Vorstellung hat man uns unrecht getan, und es ist sehr schwer, dieses Gefühl abzustreifen. Es scheint, als dienten wir mit unserer Wut einer höheren Gerechtigkeit oder als zeigten wir, indem wir krank vor Begehren werden, wie viel uns die Beziehung bedeutet. Doch sorgt irgendeine dieser starken Emotionen dafür, dass wir uns gut fühlen? Helfen sie uns dabei, voranzukommen, oder bereiten sie uns nur Stress und Ärger? Auch der Körper reagiert auf diese Gefühle – häufig mit Kopfschmerzen oder Bauchgrimmen oder einem allgemeinen Gefühl der Unruhe, das uns den Kopf schwirren lässt, uns die Luft abschnürt oder unser Herz zum Rasen bringt. Ja, diese Emotionen sind menschlich und ein Teil von uns. Doch mir geht es darum, dir Mittel und Wege an die Hand zu geben, damit du dir ein wenig Zeit geben kannst, wenn sie in Erscheinung treten. Nicht damit du deine Gefühle fortschiebst, sondern damit du sie wahrnimmst und erkennst, warum du das fühlst, was du fühlst.

Platz schaffen für Mitgefühl

Wenn es uns gelingt, bei allem, was wir tun, achtsam zu sein, dann werden wir nach und nach unsere Emotionen und ihren Ursprung verstehen und erkennen, ob sie gut oder schlecht für uns sind. Es fällt nicht leicht, Wut, Angst, Missgunst oder

Begehren sofort zu bezwingen, doch wenn wir täglich ein wenig Zeit damit zubringen, uns und unsere Emotionen zu erforschen, dann werden sie mit der Zeit weniger Kontrolle über uns haben. Wer «Gift» als das erkennt, was es ist, der hat bereits viel dazu beigetragen, den Weg weniger steinig zu gestalten. Es wird dir dann gelingen, deine Wut in Geduld umzuwandeln, du wirst auf schroffe Meinungsäußerungen verzichten und dich an anderen Menschen erfreuen, statt sie neidvoll zu beobachten. In deinen Gedanken wirst du großzügig sein und für jeden das Beste erhoffen.

In dieser Welt
Hat Hass niemals bisher Hass ein Ende gemacht.
Nur Liebe macht Hass ein Ende.
Von alters her und unermüdlich.
Auch du wirst dahinscheiden.
Da du dies weißt, wie kannst du streiten?
Buddha

Das Ego abstreifen

Es ist das Wesen des Egos, zu nehmen, das Wesen des Geistes hingegen ist es, zu teilen. *Buddhistisches Sprichwort*

Was genau ist dieses Ding namens Ego? Nun, in meiner Vorstellung ist es eine konstruierte «Sache», die wir leicht mit uns selbst verwechseln. Das Ego ist unser Selbstbild und setzt sich zusammen aus all den Etiketten, die wir uns selbst anheften, und aus den Erfahrungen, die unsere Gefühle beeinflussen. Das Ego ist die Linse oder der Filter, durch den wir die Welt sehen, und aus irgendeinem Grund glauben wir oftmals, dass es in Stein gehauen ist. Dabei ist es doch, wie alles im Leben, ständigen Veränderungen unterworfen und ganz gewiss nichts, woran wir uns gebunden oder wovon wir uns kontrolliert fühlen müssen.

Im Laufe der Zeit umgibt sich das Konstrukt Ego mit Schichten des Widerstands gegen jegliche Veränderung und hemmt uns. Von frühester Kindheit an und unser ganzes Leben hindurch sagt uns unser Ego, wer wir sind und was wir von uns erwarten dürfen. Es geht los mit dem Bild, das unsere Eltern von uns als Kind malen. Angenommen, man hat dich als schüchtern und still bezeichnet, dann kann es geschehen, dass du dieses Bild über weite Strecken deiner Kindheit aufrechterhältst, bis du endlich erkennst, dass du eigentlich eher extrovertiert bist. Vielleicht warst du ein «braves» Kind, das die Angst verinnerlicht hat, dass es eines Tages eine Enttäuschung sein würde. Oder du warst eine «Katastrophe», frech und rebellisch, sodass du dich gefragt hast, ob es dir je gelingen könnte, «brav» zu sein. Selbstverständlich ist jedes Kind so viel mehr als eine Sache, doch solche Etiketten bleiben endlos haften, und im Verlauf des Erwachsenwerdens klammert sich dein Ego daran, weil du gelernt hast, dich damit zu identifizieren. In der Folge steckst du, hervorgerufen durch diesen starren Blick auf dich selbst und die Welt, in der Vergangenheit fest und tust dich schwer damit, Dinge im Leben anzupacken. Oder aber du neigst dazu, dich auf der Flucht vor der Vergangenheit mit dem Kopf voraus halsbrecherisch in die Zukunft zu stürzen, weil du es dort, wo du bist, einfach nicht aushältst.

Gestatten wir es dem Ego, die Kontrolle über uns zu erlangen, dann lassen wir uns von Besitz, von Menschen und sogar von verzehrenden Emotionen so sehr vereinnahmen, dass wir wie mit Ketten daran gehindert werden, unser Leben in Freiheit und Einfachheit zu leben. Unser Ego klammert sich an das, was Leid verursacht. Es hindert uns daran, das Funktionieren unserer natürlichen Weisheit auf die ihr eigene wunderschöne Weise zu gestatten. Wir verscharren sie in unserem Geist unter immer neuen Schichten aus Lügen. Also müssen wir das Ego durchschauen; wir müssen es nehmen und fortwerfen.

Das kann mitunter verwirrend sein, denn zwar ist alles in der Welt und im Leben miteinander verbunden und voneinander abhängig, aber es soll sich nicht um eine kontrollierende Verbindung handeln. Sobald wir das kleine Wörtchen «meins» vor irgendetwas setzen, ist die Verbindung verstärkt. Wir verstärken zum Beispiel die Attraktivität eines Menschen, indem wir sie als «meins» bezeichnen. Oder wir heben die unattraktiven Eigenschaften hervor, leider meist bei uns selbst, wenn wir sagen: «Ich habe einfach keinen Humor», oder «Ich bin leider ein bisschen langweilig». Kleine Eigenschaften, die andere kaum bemerken, werden in unserer Vorstellung zu riesigen Mängeln und der Grund für uns, nicht loszulassen und zu vergessen, dass heute ein schöner Tag ist.

Ein starkes Ego macht uns schwach

Offenbar mag das Ego Veränderungen nicht besonders. Es zwingt uns meist eine starre Weltsicht auf und schreibt uns unser Verhalten vor, deshalb ist es so leicht verletzt und erträgt es nicht, in Frage gestellt zu werden. Und wenn unser Ego stark ist, dann neigen wir dazu, andere Menschen wie auch unsere eigenen Gedanken und Handlungen überkritisch zu beurteilen. Die moderne Welt ist äußerst wertend. Sie sagt dir, wie du handeln oder aussehen sollst, ob du erfolgreich oder ein Versager bist, ein guter oder ein schlechter Mensch. Die Erwartungen, mit denen uns die Familie oder die Gesellschaft konfrontiert oder die wir an uns selbst richten, bereiten uns darauf vor, dass wir permanent beurteilt und somit oft enttäuscht werden.

Wie wunderbar, dass wir Kindern gestatten, voller Selbstvertrauen ihr Bestes zu versuchen, alles auszuprobieren und zu träumen. Doch in den letzten Generationen haben diese eigentlich guten Vorsätze leider dazu geführt, dass Kinder auf dem Weg ins Erwachsenenalter mit immer größeren Erwartungen belastet werden. Und je größer die Erwartungen sind, desto mächtiger wird das Ego. Plötzlich meinen wir, dass uns ein bestimmter Besitz und ein gewisses Maß an Erfolg und Wohlstand zustehen. Kinder wachsen dann mit dem Gefühl auf, dass sie bereits alles wissen, und verschließen sich dem Lernen, Erforschen und Entdecken. Am offensichtlichsten ist dies bei einem Kind, das im Heranwachsen nur noch davon träumt, berühmt zu werden. Ohne eine bestimmte Zielsetzung bewirkt diese Art Ehrgeiz nichts als ein aufgeblähtes Ego, und dem Kind wird es zunehmend schwerer fallen, sich selbst zu finden.

Häufig wird das Ego mit Selbstvertrauen verwechselt, doch im Grunde ist es zutiefst unwissend und stellt unserem Glück zahllose Hindernisse in den Weg. Es ist ein echter Unruhestifter. Das Wort «ich» bringt große Willensstärke und Lebhaftigkeit zum Ausdruck und nimmt Einfluss auf unser gesamtes Leben. *Ich brauche, ich will, ich möchte* und so fort. Wir lassen uns stark von dem vereinnahmen, was das Ego verlangt. Das Leben wird um vieles einfacher, wenn wir uns aus dieser Vereinnahmung lösen. Wenn wir beispielsweise geplant haben, irgendwo hinzureisen und aus irgendeinem Grund doch nicht aufbrechen können, dann sollten wir das weder bedauern noch uns ärgern. Wir tun eben einfach etwas anderes oder reisen an ein anderes Ziel. *Wir machen weiter.*

Jeder Mensch trägt in sich eine grundlegende Anständigkeit oder Güte. Wenn er sich nach ihr richtet und ihren Vorschriften gemäß handelt, dann gibt er der Welt einen

großen Teil dessen, was sie am meisten braucht. Das ist nicht schwierig, doch es setzt Mut voraus. Ein Mensch, der auf die Stimme des Anstands in sich hören und nach ihr handeln will, braucht viel Mut. *Pablo Casals*

Untersuche den Begriff «ich»

Beobachte im Verlauf eines Tages, wann und in welchem Zusammenhang du das Wort «ich» verwendest. Was genau bezeichnest du damit? Wofür steht das Wort? Gestattest du es deinem Ego, deine Gedanken und Handlungen zu beherrschen? *Ich frage mich, was der und der von mir hält, was halte ich von dieser Person, wer von uns ist besser, erfolgreicher, attraktiver?* Wir werden von Gedanken bombardiert, die ihren Ursprung direkt bei unserem Ego haben, bei diesem aufgeblasenen, eingebildeten Gockel, der beim kleinsten Widerstand sofort in sich zusammenfällt. Tue zuerst nichts anderes, als diese Zusammenhänge wahrzunehmen. Dann versuche, hinter alle von deinem Ego erschaffenen Vergleiche und Zweifel und hinter deine Ängste zu blicken und du selbst zu sein.

Sobald wir begreifen, dass nichts in unserer Welt eine Wirklichkeit an sich darstellt, sondern alles eine Schöpfung unseres Geistes ist, fällt es uns leichter, unsere Egoschichten abzustreifen. Die Erkenntnis hilft uns, lockerer zu werden und das zu akzeptieren, was andere Menschen denken oder sagen. Beispielsweise bist du der Auffassung, dass eine bestimmte Person von Natur aus schön ist. Dann kommt ein Bekannter und behauptet: «Aber nein, die ist nicht schön, und außerdem kann ich sie nicht leiden!» Die Wahrheit ist, dass weder du noch dein Bekannter recht hat oder falsch liegt, denn nichts und niemand ist in Stein gehauen, alles hängt allein vom Betrachter ab. Der Geist ist der Schöpfer aller Dinge. Deshalb halte ich es für gut, wenn du einer Einschätzung die Bemerkung «Ich meine» oder «Ich finde» vorausschickst, statt alles als unzweifelhafte Tatsache hinzustellen. Unter diesen Voraussetzungen fällt es sehr viel leichter, ein Gespräch zu führen und einer Sache zuzustimmen oder sie abzulehnen.

Wenn du es deinem Ego gestattest, die Kontrolle an sich zu reißen, dann wird es dir schwer fallen, Verständnis aufzubringen. Obgleich wir gelehrt, clever und klug sind – im tiefsten Inneren unseres Geistes sind wir in Wahrheit äußerst schwerfällig. Wir durchschauen nicht, was wirklich geschieht, wissen nicht, wer wir sind, was wir tun oder in welche Richtung wir unterwegs sind. Wir haben keine Ahnung, also tappen wir blind umher. Deshalb kommt mir das Leben manchmal vor wie ein Glücksspiel. Wir können eine Situation erwischen, in der es gut für uns läuft, aber das ist nur Zufall. Hoffentlich passiert etwas Gutes, aber das können wir nicht im Voraus wissen. Wenn wir unser Leben unter diesen Voraussetzungen führen, dann können wir nur mutmaßen, wie die Zukunft sein wird. Lieber machen wir uns deshalb vor, dass wir etwas ganz genau wissen, statt das Risiko einzugehen, uns für etwas Neues zu öffnen.

Wir machen alles nach!

Wenn du einmal darüber nachdenkst, dann sind wir unablässig damit beschäftigt, einander zu kopieren und uns miteinander zu vergleichen. Kaum hat irgendwer ein schickes neues Outfit, ziehst du am nächsten Tag los, um dir ein ähnliches zu kaufen. *Wenn diese Frau ein solches Kleid trägt, dann muss es modern sein, und ich will es auch haben.* Wir haben vergessen, wie es ist, man selbst zu sein. Und sofort beginnt das Vergleichen: Ständig prüfen wir, ob wir besser oder schlechter sind als andere. Wir ziehen Schubladen auf, verpassen den Leuten und uns selbst unsere Etiketten, ergehen uns in Eifersüchteleien oder in übertriebenem Stolz, statt einfach so mit uns zufrieden zu sein, wie wir sind.

Hat unser Ego die Kontrolle übernommen, dann investieren wir endlos viel Energie und manipulieren die Dinge so lange, bis sie stimmen. Nur leider überdecken wir damit die einzigartige Schönheit unseres wahren Wesens. Falsche Entwürfe unserer selbst führen immer zu zahllosen Problemen und letztlich Enttäuschungen, weil wir grundsätzlich zu viel erwarten.

Ersetze Ego durch Demut

Demut ist die entscheidende Eigenschaft für denjenigen, der sich Vereinnahmungen ersparen will. Bevor wir irgendetwas lernen und Wissen aufnehmen können, müssen wir zunächst unseren Stolz verkleinern und bescheiden werden. Demut entwickelt sich, wenn wir Vereinnahmung verhindern. Wenn du dich auch weiterhin von deinem Körper, deinem Aussehen, deiner Jugend, deinem Reichtum oder etwas anderem vereinnahmen lässt, kann Demut in dir nicht wachsen.

Fehlt es dir an Demut, dann ist dein Stolz aufgeblasen wie ein großer runder Ballon. Alles gleitet an ihm ab. Nichts Substanzielles kann sich einnisten. Und weil dieser aufgeblasene Zustand keine Substanz hat, kann auch die kleinste Nadel den Ballon zum Platzen bringen. Mit dem Stolz ist es immer das Gleiche: Er ist groß, manchmal gewaltig, aber ohne bleibenden

Wert. Er brüstet sich mit «Ich bin dies, ich bin jenes», und bläst sein Selbstbild immer weiter auf. Und wenn jemand etwas sagt, was unseren Stolz verletzt und was er nicht hören will, dann fällt er entweder in sich zusammen oder bläst sich noch weiter auf und behauptet «Ich bin sowieso besser als der. Was denkt der eigentlich, wer er ist?»

Stolz ist die Ursache dafür, dass du dich vor der Chance verschließt, Neues aufzunehmen. Demut hingegen öffnet dich für alles. Was immer du wissen willst, was immer andere dir zu sagen haben, du hörst zu und bist offen.

Ego und Emotion

Beim Nachdenken stellt man fest, dass es oft das Ego ist, das diese heftigen Emotionen auslöst, die uns und nicht selten auch anderen den Tag vermiesen. Wenn wir gerade glücklich und mit uns und der Welt im Einklang sind, dann scheint keins dieser Gefühle besonders berechtigt zu sein. Doch im Moment ihres Ausbruchs können sie unglaublich stark sein und nicht nur diesen Moment beeinflussen, sondern tief sitzende Unsicherheit bewirken, die dann die Spielwiese für unsere Selbstkritik ist und für unser verletztes inneres Kind.

In unseren modernen Zeiten sind *Angst und Besorgnis* allgegenwärtig. Dieser Knoten der Beunruhigung, diese Ahnung, dass irgendetwas oder du selbst nicht ganz richtig ist. Das Bild, das manche Menschen von sich haben, ist von Ängsten erfüllt: von diesem nagenden Zweifel, dass du vielleicht nicht gut genug bist oder dass du die falschen Entscheidungen triffst. Du überforderst dich mit übertriebenen Anforderungen an dich selbst oder bist ein Perfektionist. Tief im Inneren ist dir natürlich klar, dass es keinen vollkommenen Menschen geben kann, doch statt dich von deinen Vorgaben zu befreien, strampelst du dich weiter ab und setzt dich weiter unter Druck. Dein Ego liebt Ängste und Sorgen, weil es dich damit in Schach halten kann. Es verlässt sich darauf, dass du ein unverrückbares Bild von dir selbst hast, das in der Vergangenheit verankert ist, statt im Hier und Jetzt gültig zu sein.

Auch die *Depression* erreicht in der westlichen Gesellschaft ein geradezu epidemisches Niveau. Ich sehe einen klaren Zusammenhang zwischen den hohen Erwartungen, die die Menschen von jungen Jahren an an sich gestellt sehen, und dem Zunehmen von Depression. In schwierigen Zeiten, etwa während der beiden Weltkriege im letzten Jahrhundert, waren die Menschen im Alltag oft glücklicher, obwohl sie darum fürchten mussten, ihr Leben zu verlieren. Ihre Unverwüstlichkeit war viel ausgeprägter, vielleicht weil sie gelernt hatten, ihre Erwartungen abzubauen und jede noch so kleine Freude mitzunehmen.

Depression kann man mit Selbstverachtung vergleichen. Wer leidet, hat oft noch dazu das Gefühl, in seiner Krankheit egoistisch zu sein, und mag sich selbst noch weniger. Es ist sehr traurig, dass Depression in unserer Zeit so weit verbreitet ist. Die Krankheit bedarf einer sorgfältigen medizinischen Behandlung, doch kann ich auch erkennen, dass falscher Stolz mit der Krankheit zusammenhängt. Denn tatsächlich verbirgt sich dahinter auch eine Fehlwahrnehmung und ein Missverständnis des Selbst, und beides kann zu einem depressiven Zustand führen.

Hat das Ego die Kontrolle, geht das immer auch mit einer großen Unsicherheit einher, die ihrerseits wieder zu Beschämung oder sogar Erniedrigung führt. *Erniedrigung* ist ein schmerzhaftes Gefühl. Man fühlt sich klein und wäre am liebsten gar nicht da. Dieses Gefühl ist eng verbunden mit Erinnerungen an die frühe Kindheit, mit diesem ersten Augenblick, in dem irgendjemand dafür gesorgt hat, dass wir uns dumm oder unattraktiv oder ungeliebt fühlten. Das Ego hält an diesen Erinnerungen und den damit einhergehenden Gefühlen fest und sorgt dafür, dass wir solche unangenehmen Augenblicke immer wieder neu durchleben.

Wenn man gerade geärgert oder mit starker Kritik konfrontiert wird, dann ist es besonders schwierig, Gefühle der Erniedrigung zu beruhigen, insbesondere da sie häufig mit körperlichen Reaktionen wie Hitzewellen, Rotwerden oder mit Tränenausbrüchen einhergehen. Diese Gefühle hängen wiederum zusammen mit der Unfähigkeit, sich so zu akzeptieren, wie man ist; mit dem Gefühl, dass man früher oder später durchschaut wird, dass dann die eigenen Mängel auf schmerzhafte Weise ans Tageslicht geholt werden und dass diese frühen Erinnerungen eine Bestätigung finden und man tatsächlich dumm, unattraktiv oder nicht liebenswert ist.

Schuldgefühle gehören ebenfalls zu jenen Emotionen, an die dein Ego sich klammert, und auch sie sorgen dafür, dass du in der Vergangenheit feststeckst. Verantwortung zu übernehmen und Lösungen für Probleme zu suchen, sind positive Dinge. Doch wer sich von Schuldgefühlen vereinnahmen lässt, weil er einmal gescheitert ist, dessen Selbstvertrauen wird Schaden nehmen, und er verschließt sich dem wichtigen Prozess, aus Fehlern und Erfahrungen zu lernen. Schuldgefühle sind vollkommen passiv und erreichen nichts, als dass man sich schlecht fühlt. Viele Eltern haben Schuldgefühle, weil sie denken, nicht genug Zeit mit ihren Kindern zuzubringen. Statt jedoch entsprechende Gegenmaßnahmen zu ergreifen, lassen sie sich oftmals lediglich von ihren Schuldgefühlen vereinnahmen. Bei der Arbeit entwickelt man Schuldgefühle, weil man einen wichtigen Anruf noch nicht erledigt hat. Aber anstatt den Hörer in die Hand zu nehmen, lähmt einen die Furcht und man verbringt den ganzen Tag damit, sich die schlimmen Konsequenzen auszumalen – obwohl man genau weiß, dass es am besten wäre, die Aufgabe einfach zu erledigen, geht man lieber auf Tauchstation. Kannst du dich an eine Situation erinnern, in der es dir ebenso erging und du, als du endlich den Mut aufbringen konntest, dich der Aufgabe zu stellen, erleichtert warst, dass alles gar nicht so schlimm war, wie du es dir vorgestellt hattest?

Weil das Ego so oft nach Bestätigungen von außen sucht, werden wir oftmals in ein Netz aus *Vorwürfen* verstrickt. Vorwürfe verursachen Leid und sonst nichts; sie nützen keinem der Beteiligten etwas. Vorwürfe, die du gegen dich selbst richtest, geben dir das Gefühl, dass du schlecht oder nutzlos bist. Sie zeigen, dass du es deinen Fehlern gestattest, die Kontrolle über dich zu erlangen, statt aus ihnen zu lernen und sie dann zu den Akten zu legen. Es ist sinnlos, sich selbst oder anderen Vorwürfe zu machen. Denke darüber nach, was man damit je erreichen kann? Nur wenn du aktiv wirst, findest du eine Lösung und bewirkst etwas.

Gerne verwechseln wir Vorwürfe mit Verantwortung. Es ist wahr, wir sind für unser Tun verantwortlich, doch wenn wir bereits unser Bestes geben, was mehr können wir dann noch tun? Vorwürfe lähmen und verunsichern Menschen. Sie bekommen Angst, die gleichen Fehler zu wiederholen oder andere zu machen, und vermeiden es, beim nächsten Mal etwas Neues zu wagen. Manche meinen auch, sie selbst würden sich besser fühlen, wenn sie mit dem Satz «Ich bin aber nicht schuld!» einem anderen die Verantwortung in die Schuhe schieben und ihn mit Vorwürfen überhäufen können. Doch hat sich jemals irgendjemand dadurch besser gefühlt?

Schamgefühle sind eine Erniedrigung, die wir uns selbst zumuten. Sie hängen häufig mit Schuldgefühlen und Selbstvorwürfen zusammen. Wir schämen uns für unsere Handlungen und grübeln lieber über unsere vermeintlichen Fehler nach, statt zu denken: «Wie kann ich das Problem auf andere Weise lösen?» Wie so viele dieser Emotionen fesselt dich auch die Scham an die Vergangenheit und unterstützt deine Passivität, anstatt dich zum nächsten Schritt zu motivieren. Jeder Mensch macht Fehler, und die Uhr kann man nun einmal nicht zurückdrehen. Du hast lediglich die Möglichkeit, heute aus deinen Fehlern zu lernen und das neue Wissen morgen bei der Problemlösung anzuwenden.

Wenn wir uns schämen und am liebsten im Erdboden versinken wollen, dann bringt das Ego uns dazu, klein beizugeben. Bei anderer Gelegenheit bläst es sich zu einer vollkommen unnatürlichen und abschreckenden Größe auf. Die *Arroganz*, die manche Menschen in einer solchen Situation entwickeln, verbirgt eine tiefliegende Unsicherheit. Arroganz ist niemals gütig, und wenn jemand zu anderen nicht freundlich sein kann, wie kann er dann mit sich selbst liebevoll umgehen? Während ängstliche Menschen ihre Fehler übertrieben groß empfinden, verleitet uns die Arroganz zu dem Glauben, es sei alles wunderbar. Es gehört zum Wesen der Arroganz, dass der Arrogante seine Arroganz verleugnet. Umso lieber bedient sich das Ego dieser Emotion. Ja, wenn wir darüber nachdenken, dann verbinden wir Arroganz nicht zu Unrecht mit Egoismus.

> ***Es ist leichter, die Fliege auf der Nase des anderen zu sehen und das Pferd vor der eigenen Nase zu ignorieren.***
> *Tibetisches Sprichwort*

Arroganz geht oft Hand in Hand mit einer *Abwehrhaltung*, insbesondere wenn man sich gerade angegriffen fühlt. Und wenn Arroganz die Oberhand hat, dann kann sich nahezu alles wie ein Angriff anfühlen. Während ein ängstlicher Mensch in einer solchen Situation in sich zusammenfällt und sich zurückzieht, wird der Arrogante sofort auf dich losgehen und sein Ego mit allen Mitteln verteidigen, um jeden davon abzuhalten, zu seiner verborgenen Verletzlichkeit durchzudringen.

Wenn wir in die Defensive gehen, dann tun wir es ironischerweise aus einer Position heraus, die gar nicht zu halten ist. Unsere Perfektion ist in Frage gestellt worden. Tief im Inneren wissen wir natürlich, dass wir nicht perfekt sind, aber das können wir nicht zugeben. Also investieren wir Zeit und Energie, um ein Hirngespinst von uns selbst aufrechtzuerhalten. Das erklärt, warum sich jede Abwehrhaltung immer so hohl anfühlt und wir, während wir uns noch verteidigen, das Gefühl haben, auf unsicherem Boden zu stehen.

Falls du den Fehler machst, dein Selbstbild im Vergleich mit anderen zu errichten, dann wird dein Ego dafür sorgen, dass du nicht nur nicht schlechter wegkommst, sondern auch besser als andere, und dich damit zu Gefühlen der *Selbstgefälligkeit* verleiten. In unserer wettbewerbsorientierten Zeit ist es sehr schwer, solche Emotionen zu vermeiden. Doch hat es sich jemals wirklich gut angefühlt, andere herabzusetzen, um sich selbst besser zu fühlen? Wahrscheinlich erkennen wir in dem Augenblick, in dem wir dem Ego in die Falle gehen, sogar, wie gemein wir sind, aber leider gewöhnen wir uns immer wieder an dieses Verhalten.

Es ist immer am gesündesten, sein Bestes zu geben, doch wenn sich das Ego an *Konkurrenzdenken* festklammert, dann kann es sich als Kette um deinen Hals wickeln. Du blickst immer voraus, bist nie zufrieden damit, einfach Freude am Augenblick zu haben, nie reicht es dir aus, einfach nur deinen Einsatz zu absolvieren. Konkurrenzdenken mag dir sehr wohl materiellen oder intellektuellen Erfolg einbringen, doch wenn es dir nicht gelingt, auch am Erfolg anderer Freude zu haben, dann verpasst du das Entscheidende.

Die moderne Welt verlangt von uns, dass wir *kritisch* sind, sowohl mit anderen als auch mit uns selbst. Das Ego liebt es, zu kritisieren, weil es ihm hilft, alles beim Alten zu lassen. Manche Menschen sprechen erst einmal von dem, was sie alles nicht können, bevor sie etwas über die Stärken sagen, die sie bei sich wahrnehmen. Und wer mit sich schon äußerst selbstkritisch ist, der geht auch mit anderen voreingenommen ins Gericht – diese Person gibt sich nicht genug Mühe, ist nicht liebevoll genug, stellt zu geringe Anforderungen an sich selbst. Das Ego hat oft sehr feste Vorstellungen, und deshalb kann es sein, dass du dich als Person bedroht fühlst, weil es die von dir selbst erwartete Perfektion im wahren Leben eben nicht gibt. Zwar hält dich das nicht davon ab, es immer wieder aufs Neue zu versuchen, doch wie bei der Wettbewerbsorientierung hindert dich der Zwang zum Kritisieren daran, im Augenblick zu leben. Gut möglich, dass du als Schüler anfangs immer unter den Besten warst, doch dann hast du irgendwann einmal nicht die höchste Punktzahl erreicht und dich gefühlt wie beim Weltuntergang. Es hört sich albern an, doch solche Gefühle bleiben kleben, nisten sich tief im Inneren ein, und jedes Mal, wenn du wieder einmal deinen eigenen hohen Ansprüchen nicht genügst, nagen Zweifel an dir. Deshalb sage ich dir, sogar während du dieses Buch liest und dich ein wenig veränderst: das größte Geschenk, das ich dir anbieten kann, ist, die Dinge anzunehmen, wie sie sind. Du musst dich nicht zu deinem Glück zwingen, öffne einfach dein Herz, gib dich hin und sei weniger kritisch. Jeder Mensch ist wertvoll. Warum also sollte ich andere blockieren oder mit ihnen schimpfen oder sie verurteilen? Freude und Glück sind jedem Menschen wichtig, nicht nur *mir*. Also, mögen sie glücklich sein.

Unser Ego wünscht von uns, dass wir den ersten Platz anstreben, ängstlich darauf bedacht, dass kein anderer uns den Platz wegschnappt. Alle zuvor geschilderten Eigenschaften sind Etikette, an die sich unser Ego klammert. Sie setzen sich zu der Geschichte zusammen, die wir von uns selbst erzählen, doch sie hindern uns auch daran, wir selbst zu sein und unser Leben in entspannter Freiheit zu führen. Keine dieser Eigenschaften macht uns zu einem freundlichen oder großzügigen Menschen, und keine von ihnen ist Bestandteil unseres wahren Wesenskerns, auch wenn wir ihr Vorhandensein noch so deutlich wahrnehmen.

Du musst die Fähigkeit entwickeln, dich selbst und dein Wesen zu sehen, zu wissen, dass du einfach nur du selbst bist, jeden Tag dein Bestes tust und prüfst, was du heute und morgen verbessern kannst. Verschwende nicht deine kostbare Energie darauf, der Vergangenheit mit Schuldgefühlen und Bedauern hinterherzulaufen oder deine Qualität als Mensch, deine Arbeit oder deine Beziehungen zu beurteilen. Du bist so, wie du bist, vollkommen in Ordnung. Sobald du das für dich annehmen kannst, wirst du bald feststellen, dass es auch für andere gilt. Keiner von uns ist vollkommen, wir alle sind nur Menschen. Warum weiter nach dem Schlechten in allem und jedem suchen, wenn es so vieles Gutes zu entdecken gibt?

> ***Mache dich auf die Suche nach der Geisteshaltung, die mehr als alles andere dafür sorgt, dass du dich zutiefst lebendig fühlst. Dann suche die innere Stimme, die dir sagt: «Dies ist mein wahres Selbst.» Nimm beides und folge ihm nach.***
>
> *William James*

Frage dich: «Was für ein Mensch bin ich?»

Manchen Menschen fällt es leichter, ihren Weg zu finden, indem sie nachdenken. Andere sind eher physisch ausgerichtet und müssen im wahrsten Sinne des Wortes einen Schritt zurücktreten von Situationen, die sie provozieren. Wieder andere sind empfindsamer, leicht in Aufregung zu versetzen und neigen zu Zusammenbrüchen und Depression. Sie werden vielleicht leicht ärgerlich und wütend, wollen kämpfen oder angreifen. Wenn sie wütend sind, dann gibt es für sie kein Zögern – sie explodieren sofort. Doch es gibt auch solche Menschen, die ihre Wut zurückhalten und sich in Geduld üben können. Solche Personen haben ein wenig mehr Geisteskraft und sind daher vermutlich gut geeignet, um Kontemplation oder Meditation zu üben. Ihnen gelingt es, im Geiste einen Schritt zurückzutreten, während andere den Raum physisch verlassen müssen.

Wir müssen uns also selbst überprüfen und uns fragen, was für ein Mensch wir sind. Bisher testen wir womöglich noch verschiedene Selbsthilfetechniken und -praktiken aus, als seien wir beim Einkaufen in einem Supermarkt. Wir nehmen alles in die Hand, um es zu begutachten, doch meistens passt das Angebot nicht zu unserer Wesensart. Ein wenig ist es so, als seien wir ein Patient: Ein bestimmtes Medikament kann bei dem einen erfolgreich sein, aber nicht zwangsläufig bei dir. Unterschiedliche Medikamente nützen verschiedenen Menschen, also müssen wir immer gut in uns hineinhorchen, um herauszufinden, was für uns in unserer gegenwärtigen Lebensphase das Richtige ist.

Manchmal kommt es mir so vor, als fehle vielen von uns zwar der Mut, dem eigenen Spiegelbild in die Augen zu blicken, unsere Mitmenschen nehmen wir dagegen genauestens unter die Lupe. So sorgen wir dafür, dass wir uns schlecht fühlen. Wir sollten den Mut aufbringen, hinzusehen und uns selbst deutlich wahrzunehmen. Die eigenen Mängel zu kennen, heißt, ein angstfreies Leben zu führen, denn nur wenn ich meine Schwächen kenne, kann ich entscheiden: «Also gut, das könnte ich besser machen. Hier muss ich mich ändern.»

Wichtig ist die Erkenntnis, dass alles in dir ist, und dass du folglich an *dir* selbst arbeiten und *dich* entwickeln musst. So wie ich die Welt verstehe, ist unser Geist der Schöpfer aller Dinge. Wenn du zu dieser Einsicht gelangst, wirst du begreifen, dass alles in deinen Händen liegt. Ich wünsche mir, dass diese Erkenntnis sich für dich wie Freiheit anfühlt – so jedenfalls erlebe ich sie.

> ***Du brauchst dein Zimmer nicht zu verlassen, bleib einfach an deinem Tisch sitzen und horche. Du brauchst nicht einmal zu horchen, warte einfach. Du brauchst nicht einmal zu warten, werde einfach still, und die Welt wird sich offenbaren, um demaskiert zu werden; sie hat keine andere Wahl. Sie wird sich in Ekstase vor deinen Füßen wälzen.*** *Franz Kafka*

Die Befreiung von einem festgefügten Bild, das du von dir selbst hast, und von den Gefühlen, an die dein Ego dich ketten möchte, wird dir neue Widerstandskraft und Flexibilität geben. Wenn ein Gegenstand hart und zerbrechlich ist wie Glas, dann wird er leichter kaputtgehen, als wenn er nachgiebig ist. Ein wenig «Spiel» in dein Leben zu bringen, ist eine wunderbare Befreiung von all dem Druck, den du dir in der

Vergangenheit auf die Schultern geladen hast oder dir von anderen hast aufladen lassen. Es gibt dir die Fähigkeit, Kraft zu schöpfen aus der Anpassung an das Auf und Ab des Lebens, und öffnet dich für alle aufregenden Möglichkeiten. Du wirst deiner Familie liebevoller begegnen, freundlicher zu deinen Nachbarn sein und auch zu dir selbst. Du brauchst nicht mehr davonzulaufen, sondern wirst wärmer und verständnisvoller sein und dich in der Welt wohler fühlen. Und dass du gütiger, netter und liebevoller geworden bist, liegt nur daran, dass du losgelassen hast.

Vom Selbst zur Selbstlosigkeit

Wer egoistisch und selbstsüchtig bleibt, der verharrt im Leiden. Wer sich um andere kümmert, wird mit Erleuchtung belohnt. Das kann man sehen, wenn wir an die Einstellung denken, die wir üblicherweise im Alltag haben. Vieles von dem, was wir im Laufe eines Tages tun, ist eigennützig. Vielleicht tust du etwas für deine Kinder, deine Eltern oder Freunde, aber du tust es gleichzeitig für dich. Selbst wenn wir geben, ist dieses Geben mit einer Erwartung verknüpft: «Ich habe dieses gegeben und erhalte vielleicht jenes zurück.» Sicher, wir tun etwas Gutes, also ist nicht alles schlecht, dennoch haben wir noch einen weiten Weg vor uns. Wir müssen uns unsere Schwäche bewusst machen und unseren Egoismus erkennen. Dann können wir anfangen, unsere Einstellung zu verändern und unseren Geist auszudehnen. *Denn bisher ist der Raum in unserem Geist manchmal so klein, dass wir selbst nicht hineinpassen.* Also müssen wir ihn erweitern und unser Ego loslassen, indem wir verstehen, wie wichtig Glück für alle Lebewesen ist. Du weißt bereits, dass Glück für dich wichtig ist. Es ist der zentrale Aspekt deines Lebens. Jeder sehnt sich nach Glück, und niemand will Leid.

Deshalb ist der erste Schritt auf dem besonderen Weg, wirklich zu begreifen, wie wichtig Glück für jeden Menschen ist, nicht nur für uns selbst.

Spiritualität zu praktizieren heißt, dass du deinen Geist, dein inneres Selbst ausbildest und nicht etwa deine Mitmenschen. Tatsächlich geht es darum, wie sehr du deinen inneren Raum erweitern kannst, damit dein «Ich» kleiner wird. Falls du zwischen «Ich» und «die anderen» unterscheidest und nicht aufhören kannst, Fehler bei den anderen zu finden, dann hast du noch einen weiten Weg zurückzulegen. Dann bist du auf deinem eigenen holperigen Pfad noch nicht weit genug vorangekommen.

Mäßige deine Geschwindigkeit und gewinne an Weitblick

Schreib es dir ins Herz,
dass jeder Tag der beste Tag im Jahr ist.
Ralph Waldo Emerson

Beim Blick zurück auf den Schildkrötenklub scheint mir, sein größter Vorteil ist die gemächliche Gangart, mit der die Mitglieder sich auf den Weg machen. Während andere vorauseilen, nehmen sie sich die Zeit, um einander kennenzulernen, machen Pausen, um die atemberaubende Landschaft auf sich wirken zu lassen und all die vielen Einzelheiten in sich aufzunehmen.

Ich habe mich dieser Tage für einen langsamen Reisestil entschieden und nehme immer nur Züge von einem Ort zum nächsten, bis ich den Ausgangspunkt unserer Wanderung erreiche. Eine Zugreise in Indien ist die beste Erfahrung, die man machen kann. Diese Art des Reisens wird bald nur noch in der Erinnerung existieren. Sobald die Entwicklung weiter voranschreitet, werden die Menschen schneller ans Ziel kommen wollen, und die langsamen und lauten, aber zugleich wunderschönen und staunenswerten Eisenbahnen, die es jetzt noch überall in Indien gibt, werden verschwinden.

Im Zug warten so viele Erfahrungen auf uns. Aus dem Fenster sehen wir die Dörfer, die an uns vorübergleiten, wir können mit den Reisenden in den anderen Abteilen sprechen, an den Haltestellen örtliche Spezialitäten einkaufen und uns an ihnen erfreuen – vorausgesetzt, wir haben einen robusten Magen. Die

Züge in Indien sind bekannt dafür, dass es in ihnen ein großes Angebot an Speisen und heißen Gewürztees gibt. Bei einer langen Zugreise nehme ich immer zu. Wenn du meditieren möchtest, nimmst du einfach deine Gebetstexte und deine Gebetsperlen heraus und legst los, niemand wird sich daran stören!

Ich kann mich daran erinnern, dass ich als kleiner Junge mit dem Zug durch Darjeeling reiste. Das waren die goldenen Jahre meines Lebens. Ich habe noch den Geruch nach verbrennender Kohle in der Nase, das anheimelnde «Tschutschutschu» der Dampflokomotive im Ohr und die Gesichter der vielen verschiedenen Menschen vor Augen. Auch heute blicke ich mich noch immer gerne im Zug um und sehe mir die Leute an, beobachte, was sie tun und was sie essen, höre, was sie sagen und wohin sie unterwegs sind. Im Zug gibt es so viele Gelegenheiten, miteinander in Kontakt zu treten.

Heutzutage begegnen wir Menschen seltener auf diese Art; wir treten eher durch Bildschirme und Knöpfe in Verbindung miteinander und haben dann mit den zahlreichen Missverständnissen zu kämpfen, die ihren Ursprung in dieser Kommunikationsform haben. Ich rate jedem, nicht zu lange vor dem Computer zu sitzen. Nimm dir Raum und Zeit, um der Natur zu begegnen. Die Natur wird dich deinem Wesen im Inneren näherbringen.

Achtsam leben

Wenn es dir gelingt, ein wenig mehr Achtsamkeit in deinen Alltag zu investieren, dann wirst du dein Leben als unendlich entspannter und lohnenswerter empfinden. Achtsamkeit fördert Wertschätzung, die uns hilft, unseren Mitmenschen großzügiger und freundlicher zu begegnen, und das wiederum vergrößert unser eigenes Glück. Mit Achtsamkeit kannst du selbst die alltäglichste Aufgabe, wie etwa den Abwasch, in eine erfreuliche Tätigkeit verwandeln. Achtsamkeit hilft dir, innezuhalten und nachzudenken, bevor du auf eine Situation reagierst, bevor dein Ärger aus dir herausbricht oder bevor du schroffe Worte äußerst, die du später bereust. Wenn es dir gelingt, Entscheidungen mit Bedacht zu treffen, dann bist du auf dem richtigen Weg, nimmst dir genug Zeit, um zu wählen und um zu akzeptieren, was immer geschieht, denn du folgst deinem Herzen.

Ich möchte nicht, dass wir alle entsetzlich konservativ werden oder Lachen und Spontaneität aus unserem Leben verbannen oder nur noch im Schneckentempo handeln und unsere Entscheidungen fällen, weil wir alles erst bis auf den Grund analysieren und durchdenken müssen. Mit Achtsamkeit meine ich eher, dass wir unsere innere Wahrnehmung entwickeln, und nicht, dass wir es dem Verstand gestatten, alles an sich zu reißen. Achtsamkeit bedeutet, alle Sinne und das Herz in den jeweiligen Prozess einzubeziehen. Es heißt, die Augen zu öffnen, tief einzuatmen, die Welt um dich herum wahrzunehmen und alles, was du tust, intensiv zu spüren, ob es sich nun um einen Spaziergang im Park handelt oder um den geduldigen und verständnisvollen Umgang mit einem schwierigen Arbeitskollegen, auch wenn er noch so anstrengend ist. Wo immer du bist, was immer du tust, du erforschst dein Inneres. Das muss im Alltag nicht ununterbrochen geschehen, aber doch in ausreichendem Maße, damit deine Begabung zur Selbsterforschung nicht in der hintersten Ecke verstaubt.

Lasst uns den Tag ebenso bewusst erleben, wie die Natur es tut, und uns nicht von jedem Kieselstein und Blatt, die auf das Gleis fallen, sofort aus der Spur bringen. Lasst uns früh und zügig aufstehen oder frühstücken, gemächlich und

ohne Unruhe; möge sich Gesellschaft einstellen und wieder fortgehen, die Glocken läuten und die Kinder schreien – entschlossen mögen wir sein, das Beste aus unserem Tag zu machen. Und wenn die Lokomotive pfeift, dann soll sie pfeifen, bis sie heiser ist. Und wenn die Glocke läutet, warum sollten wir dann laufen? Die Zeit ist nur ein Fluss, in den ich meine Angel halte. *Henry David Thoreau*

Gewahrsein und Aufmerksamkeit

Wer im Alltag aufmerksamer wird, der nimmt Einzelheiten besser wahr und kann anderen Menschen mehr Beachtung schenken.

Wenn wir zum Beispiel auf der Straße an einem Obdachlosen vorbeigehen, dann blicken die meisten von uns ihn nicht einmal an. Wir kümmern uns nicht, weil wir sie gar nicht erst wahrnehmen. Vielleicht bringen wir einen freundlichen Gedanken auf, doch es ist der einfachste, flüchtigste Gedanke. Richtig wäre es jedoch, solche Situationen so oft wie möglich als Lektion in Sachen Mitgefühl zu nutzen. Stell dir vor, du wärest schon morgen in der gleichen Situation: Wie würdest du damit zurechtkommen? Erliege nicht der Versuchung, ihre Lebensweise auf ihr Karma zurückzuführen, sondern versuche wirklich, dich in ihre Lage zu versetzen. Sobald wir unsere Scheuklappen abnehmen und uns umsehen, sind wir, und das ist wunderbar, stark genug, um wirklich zu sehen, und unser Sehen wird uns weitere Kraft geben.

Schenkst du etwa deine Aufmerksamkeit einem sehr kranken Freund, dann hilfst du damit nicht nur diesem Freund, sondern du wirst auch darauf vorbereitet sein, solltest du dich irgendwann in der gleichen Situation wiederfinden. Du wirst sogar auf den Tod vorbereitet sein, denn du hast ihn dir genau angesehen und darüber nachgedacht, was er bedeutet. Du versteckst dich nicht mehr länger vor ihm in deinen Gedanken oder in deinem Herzen.

Ein Brahmane fragte einmal den Gesegneten:
«Bist du Gott?»
«Nein, Brahmane», sagte der Gesegnete.
«Bist du ein Heiliger?»
«Nein, Brahmane», sagte der Gesegnete.
«Bist du ein Zauberer?»
«Nein, Brahmane», sagte der Gesegnete.
«Was bist du dann?»
«Ich bin wach.»

Buddhistische Lehrgeschichte

Wir können nicht von uns erwarten, immerzu über alles Bescheid zu wissen. Doch mit Wachheit und Aufmerksamkeit können wir mehr entdecken. Angenommen, du verliebst dich Hals über Kopf in jemanden, aber sie erwidert deine Gefühle in gar keiner Weise. Ihr lebt sogar zusammen, oberflächlich betrachtet in Harmonie, aber aus irgendeinem Grund hat sie dir all diese Tage und Monate und Jahre nur etwas vorgemacht. Du hast es nicht gewusst, und auch sie war sich nicht darüber bewusst, worauf sie sich eingelassen hat. Daran siehst du, dass Nicht-Wissen für sich betrachtet bereits großes Leid bedeuten kann. Man muss keine komplizierten Texte lesen oder endlose Wege zurücklegen, um zu verstehen, was Leiden bedeutet. Doch du kannst dein Wissen vergrößern, indem du auf das achtest, was dein Herz anspricht. Auch wenn du dieses Buch liest: Glaube nicht, dass du alle Vorschläge darin Wort für Wort befolgen musst. Sei offen und horche, sinne nach, probiere Dinge aus und treffe deine Entscheidungen für dich selbst.

Niemand kann dir besser raten, als du dir selbst. Cicero

Das Zeitalter der Gleichzeitigkeit

Heutzutage können die Menschen nicht einmal mehr die Straße entlanggehen, ohne zugleich noch etwas anderes zu tun. Sie gehen und telefonieren dabei, versenden eine E-Mail oder lesen ein Buch. Wir treffen uns nicht nur, um miteinander zu essen, nein, wir verhandeln gleichzeitig auch noch oder wickeln Geschäfte ab. Jedes Mal, wenn unser Gesprächspartner die Toilette aufsucht, holen wir sofort unser Telefon heraus, um zu überprüfen, ob irgendwelche Nachrichten eingetroffen sind. Wir halten es nicht aus, die paar Minuten zu warten und die Tatsache zu genießen, dass wir gerade nichts zu tun haben.

Ich hoffe, du stellst fest, dass du die Dinge wirklich vereinfachen kannst und dass du jeder Tätigkeit mehr Aufmerksamkeit schenken kannst, statt immer schon nach der nächsten Ablenkung zu schielen. Wenn du gerade dein Frühstück einnimmst, dann genieße diese Zeit und jeden Bissen. Die Frühstückszeit eignet sich wunderbar zum Nachdenken und um ein entspanntes und zugleich aktives Vorhaben für den Tag zu entwickeln. Wenn du gerade für die Arbeit einen Bericht schreiben musst, dann schalte alle anderen Ablenkungen aus, damit du dich richtig konzentrieren kannst. Es ist leicht, mit zehn Dingen gleichzeitig anzufangen, doch ohne einen Fokus wird es dir schwerfallen, auch nur eines von ihnen gut zum Abschluss zu bringen.

Wachheit und Aufmerksamkeit geben dir im Verlauf deines

Tages nicht nur mehr Gelegenheit zur Wertschätzung; du wirst auch feststellen, dass die Zeit langsamer verrinnt. Du fühlst dich weniger eingeengt, gehetzt oder gar in Panik. Indem du dich jeweils nur auf eine Sache konzentrierst, schaffst du letztlich viel mehr, und die unwichtigen Einzelheiten des Lebens beanspruchen nach und nach weniger Raum, weil du dir bewusst darüber bist, was wirklich wichtig ist.

Wenn du Wasser trinkst, dann denke dabei an die Quelle.
Tibetisches Sprichwort

Lerne, zu beobachten und zu warten. Gefühle kommen und gehen wie Wellen, die an den Strand schlagen. Gelingt es dir, sie im Blick zu behalten, dann verstehst du, woher sie kommen und dass sie, wie alles andere, nicht von Dauer sind. Bist du traurig oder leidest sogar, dann darfst du es deiner Trauer oder deinem Leid nicht gestatten, dich zu vereinnahmen. Du kannst sie loslassen, während ein Freund dich tröstet oder dich zum Lachen bringt. Es ist in Ordnung, den Emotionen ein sanftes Auf und Ab zu gestatten, statt sie in die eine oder andere Richtung zu zwingen.

Wir bekommen es oft zu spüren, dass wir in einer kopfgesteuerten Welt leben, die großen Wert auf Intellekt legt. Was halten wir davon? Es ist eine gute Idee, im Verlauf eines Tages möglichst alle Sinne einzubeziehen. Nimm dir Zeit beim Essen, genieße jeden Bissen und jeden Geschmack. Ja, halte inne und rieche den Duft der Rose, sieh dich um und werde der Menschen gewahr, egal ob du sie kennst oder ob sie dir fremd sind. Wie präsentiert sich dir die Welt heute?

Wenn du aufmerksam bist, dann kannst du dein innerstes Selbst alles fragen, wie schwierig die Frage auch sein mag, und du wirst die Antwort kennen.

2

DEINEN WEG GEHEN

Wenn wir uns in die richtige Richtung wenden, dann müssen wir nur noch losgehen.

Buddha

Als Erstes ist es wichtig, die Absicht zu haben, etwas Neues einzuüben – in diesem Fall könnte es sein, dass du dein Leben ab sofort unter der Maxime des Mitgefühls führen willst. Doch manche Menschen lassen sich Monate oder sogar Jahre Zeit, bevor sie ihr Vorhaben in die Tat umsetzen. Vielleicht bist du motiviert, aber du weißt noch nicht, wie du deine Gedanken praktisch umsetzen sollst, um sie in deinen Alltag einzubringen. Du meinst, dass du noch ein bisschen warten und später anfangen kannst. Du denkst: «Ich werde versuchen zu üben», doch dann vergisst du, es zu *tun*. Reden ist sehr einfach, doch erst dein Handeln zeigt dir, ob sich etwas verbessert hat oder nicht.

Wir glauben, dass wir unsere Zukunft sehen können: *In fünf Jahren werde ich wieder mehr Zeit haben, meine Kinder werden selbständiger sein, und ich kann wieder üben.* So ungefähr lautet unser Plan. Doch meistenteils hält sich unser Leben nicht an unsere Pläne. Deshalb ist es besser, gleich hier und jetzt anzufangen, ohne noch einen Augenblick zu verschwenden. Sobald du auch nur einige Einsichten gewonnen hast, handle danach.

Mach dir nicht zu viele Sorgen über das «Was muss ich denn da tun?». Sei du selbst, probiere es aus und werde von deinem Herzen aus aktiv. Es ist gut, wenn du dein neues Vorhaben als Herausforderung empfindest. Fühlst du dich in einer Tätigkeit die ganze Zeit wohl und sicher, dann ist das kein gutes Zeichen. Es ist besser, wenn die Dinge dich herausfordern und dir ein wenig Mühe abfordern. Das zeigt, dass du dich wirklich auf den Weg gemacht hast und dass du aufmerksam bist. *Dein Herz erwacht.*

Deinen mitfühlenden Geist schulen

Wir sind das, was wir denken.
Alles, was wir sind, hat seinen Ursprung in unseren Gedanken.
Mit unseren Gedanken erschaffen wir die Welt.
Lass deine Worte und deine Taten ein Produkt deines reinen Geistes sein, und das Glück wird sich an deine Fersen heften, unerschütterlich wie dein Schatten.

Buddha

Den eigenen Geist zu entwickeln, ist eine großartige Sache. Es hält dein Interesse am Leben und deine Neugier und Leidenschaft wach. Du willst jeden Tag etwas dazulernen, dich strecken und wachsen. Du kannst deine Aufgaben mit Klarheit und Konzentration angehen, kannst dich in sie versenken und weißt außerdem, wie man sich entspannt und den Geist beruhigt, wie man mit vorbeiziehenden Wolken umgeht oder die Sterne voller Staunen betrachtet.

Bist du hungrig, dann wirst du dich von allerlei Speisen inspirieren lassen und deine Mahlzeit dann umso mehr wertschätzen. Du riechst das Essen – «Ja, das riecht gut, mal sehen, was es gibt.» Genauso verhält es sich mit deinem Geist: Er muss Appetit auf Inspiration und Wissen haben. Und sobald du weißt, was du willst, musst du deinen Geist in Bewegung setzen, ihn fokussieren, und dann darfst du dich nicht mehr ablenken lassen. Erwäge deine Möglichkeiten, entscheide und handle dann: So bildest du deinen Geist aus, damit du dein Leben so führen kannst, wie du dir das vorstellst. Ein ablenkbarer, richtungsloser, zerstreuter Geist wird dich ständig von deinem Weg abbringen und deinen launischen Gedanken folgen. Ein inspirierter und fokussierter Geist hingegen wird dich darin unterstützen, leichten Fußes deinen Weg mit Schwung und Zuversicht zu gehen, und es dir gestatten, dein Bewusstsein spontan auf das zu richten, was du dir aussuchst.

Ruhe, selbst wenn sie nur ein paar Minuten anhält, verschafft dir die Gelegenheit, das Leben mit Wertschätzung zu betrachten. Ruhe bringt das Leben so zum Vorschein, dass du es wirklich sehen kannst. Bisher haben wir unsere Wertschätzung unter dem Gewicht all unserer emsigen Gedanken verschüttet. Wir lassen uns von unseren Gedanken kontrollieren, laufen ihnen hinterher und können nicht stillsitzen, weder mental noch physisch. Doch ein bisschen Ruhe stimmt unsere Gedanken freundlicher. Sie öffnen sich für unsere im Inneren gehegten Hoffnungen und helfen uns dabei, Lösungen – und *den Weg*! – zu finden. Sie erzeugen eine Lücke, ein Gefühl von Raum, in dem du du selbst werden und die Welt um dich her mit größerem Verständnis betrachten kannst.

> ***Möge die Ablenkung sich auflösen wie die Wolken, die sich aus dem Himmel zurückziehen.*** *Milarepa*

Der natürliche Zustand des Geistes ist Klarheit und Leuchtkraft. Das ist es, was wir Buddhisten als «Buddha» bezeichnen, es ist unser Begriff für Erleuchtung. Buddha hat nichts mit einer bestimmten Religion zu tun, auch nicht ausdrücklich mit dem Buddhismus; Buddha bedeutet «Universelle Wahrheit». Wenn du meinst, der Buddha existiere außerhalb und getrennt von dir etwa in Form einer Statue oder etwas Ähnlichem, dann möchte ich dich ermutigen, es mit einem anderen Denkansatz zu versuchen und zu erkennen, dass der Buddha sich in dir befindet.

Der Buddha-Geist kennt zwei Zustände. Erstens, den gereinigten oder *inspirierten Geist*, der deinen Weg im Leben erhellt und dir zeigt, dass du tatsächlich etwas bewirken und die Welt auf deine Art zu einem besseren Ort machen kannst. Denn wie solltest du ohne inspirierten Geist richtig loslegen? Zweitens, den vollkommenen oder *praktischen Geist*, also deine Einstellung, wenn du dich entschließt, gut zu sein und gute Dinge für andere zu tun.

Bisher haben wir das Wesen unseres Geistes noch nicht erkannt, folglich müssen wir an diesem Punkt arbeiten. Es kommt häufig vor, dass wir lesen oder zuhören, ohne wirklich etwas aufzunehmen; die Information rauscht über uns hinweg oder an uns vorbei. Wir *kennen* nicht einmal unsere eigenen Gedanken. Indem wir anfangen, uns selbst zu respektieren und zu verstehen, werden wir offener für das, was unser Alltag und unsere Erfahrungen uns lehren. Wir nehmen die Einzelheiten mit größerer Klarheit wahr, und alles erscheint uns auf einmal so viel heller. Die Lektionen des Alltags dringen ins Bewusstsein, da wir unseren Geist und unser Herz öffnen.

Das Versprechen

Entscheidend ist es, immer das einfache Versprechen, anderen zu helfen, im Hinterkopf zu haben. Dieser Vorsatz wird dafür sorgen, dass deine Motivation aufrichtig bleibt und dir den richtigen Weg weist. Jeder Mensch will auf seine Weise helfen. Die buddhistische Philosophie kennt drei verschiedene Motivationen. Die *erste* Motivation besteht darin, dass du «um aller Lebewesen willen» Erleuchtung finden willst. Eine solche Person bezeichnen wir als *kundige* Person; sie ist ein Anführer, die ihre Begabungen entwickeln und nutzen will, um anderen Glück zu schenken oder um ihr Leiden zu verringern.

Die *zweite* Motivation steht unter dem Stern der Fürsorge. Eine solche Person bezeichnen wir als «den Schäfer». Als «Schäfer» willst du anderen helfen, zur Erleuchtung zu finden, und suchst für deine Herde einen guten, sicheren Platz, an dem sie entspannen kann. «Der Schäfer» ist eine äußerst fürsorgliche Person, die ein hohes Maß an Mitgefühl und liebevoller Fürsorge aufbringt.

> ***Jene, die ein Leben gerettet haben, haben die ganze Welt gerettet.*** *Tibetisches Sprichwort*

Die *dritte* Motivation beinhaltet, dass wir zur gleichen Zeit wie andere, mit ihnen und nicht vor ihnen, Erleuchtung finden wollen. Einen Menschen mit dieser Zielsetzung nennen wir «den Steuermann». «Der Steuermann» sieht einen Sturm heraufziehen und wird sein Bestes tun, um die See mit seinen Gefährten sicher zu überqueren. Er will nicht vorausgehen und anführen, und er will auch nicht die Gefährten vorausschicken, um ihnen zu folgen. Er möchte den Weg gleichzeitig mit seinen Gefährten zurücklegen.

Welche Motivation hast du? Möchtest du deine Fähigkeiten und dein Wissen verbessern, damit du anderen helfen kannst, ihren Weg zu finden? Oder bist du eher fürsorglich und nutzt deine Fürsorge, um andere zu schützen oder zu unterrichten? Oder bist du ein wirklich guter Teamspieler und möchtest einen Beitrag zu etwas leisten, was größer ist als die Summe seiner Teile?

Darüber nachzudenken und herauszufinden, auf welche Weise du am besten helfen kannst, ist ein guter Ansatz, denn mehrheitlich neigen wir dazu, was immer wir tun, zunächst einmal für uns selbst zu tun. Auch wenn wir für andere aktiv werden, erwarten wir häufig irgendeine Gegenleistung. Für

Anfänger auf dem Weg, die wir ja sind, ist das vollkommen normal, aber wir sollten immer unsere Einstellung und unsere Motivation im Blick behalten. Wenn beides positiv ist, dann ist es auch die Energie, die wir an unsere Mitmenschen aussenden.

> ***Mit unseren Gedanken erschaffen wir die Welt.***
> *Buddha*

Damit der Geist gut arbeiten kann, bedarf er, wie alles andere auch, einer guten Betreuung. Ein Auto zum Beispiel sieht beim Kauf hübsch und neu aus, doch wenn du es nicht regelmäßig pflegst und wartest, dann wird sein Zustand sich Tag um Tag verschlechtern. Von Zeit zu Zeit müssen die Bremsen nachgestellt, das Öl gewechselt und der Motor geprüft werden. Genauso ist es auch mit unserem Geist. Wenn du dich nicht um dein Auto kümmerst, dann wird es irgendwann nicht mehr funktionieren, auch wenn es noch immer schön aussieht. Wenn wir uns die ganze Zeit nur mit unserem Körper beschäftigen und unseren Geist nicht pflegen, dann verwildert er und wird unkontrollierbar. Ist dein Geist verwirrt, dann wird es auch dein Leben sein. Die Nervosität überträgt sich auf alles. Statt fortzulaufen, gib dir eine Chance, die Botschaften und Lehren zu verstehen, die dein Geist dir sendet. Kümmerst du dich also regelmäßig um deinen Geist, dann hilfst du dir selbst dabei, dich vor dem Gift der Vereinnahmung, der Wut, der Unwissenheit, der Entmutigung, des Stolzes und des Neids zu bewahren. Halte die Augen offen!

Der inspirierte Geist

Wir Menschen sind hier, um einander zu inspirieren und so Erleuchtung zu suchen. Inspiriert zu sein schafft Raum. Es öffnet dein Herz, und du entdeckst deine natürliche Bereitschaft, Dinge zum Nutzen anderer zu tun; du handelst aus Mitgefühl. Indem du deinen Geist entwickelst, entspannst du, sinnst nach, was dich berührt, deine Aufmerksamkeit fesselt und dich im Alltag inspiriert. Du merkst, wohin im Leben du gehen willst und findest deine Richtung.

Fehlt dir aber die Inspiration in deinem Leben, dann trifft oft das Gegenteil zu: Du fühlst dich eingeengt und kannst dich nicht entscheiden, in welche Richtung du dich wenden sollst. Vielleicht glaubst du, keine Zeit zu haben, um die Welt um dich her zu betrachten, also verpasst du alles, was dich inspirieren könnte. Wie sollten wir ohne Inspiration motiviert sein, irgendetwas Lohnenswertes zu tun? Ausreden und Vorwände nehmen zu. Wenn in unserem Geist das Gerümpel durcheinanderwirbelt, dann bleibt kein Raum, um zu atmen, und wir können nicht mehr klar denken. Sich jeden Tag ein paar Minuten Zeit zu nehmen, um sich hinzusetzen und die Wunder der Natur anzuschauen und über sie nachzudenken, ist ein ausgezeichneter Anfang. Dann wirst du mit der Zeit herausfinden, was dich wirklich berührt und was deine Bestimmung ist. Öffne deinen Geist, öffne dein Herz und trete in Verbindung mit der Welt.

> ***Du musst wissen, welchen Hafen du anstrebst, damit du den richtigen Wind abpassen kannst, der dich dorthin trägt.***
> *Lucius Annaeus Seneca*

Inspiration ermutigt und ist ein großer Segen. Sobald du dich durch Inspiration unterstützt fühlst, sollte dir jede Form der spirituellen Übung leichtfallen. Hindernisse auf dem Weg schrecken dich nicht ab, denn du wirst ein Held sein. Du bist bereits ein Held. Warum? Weil du durch deine Inspiration zu einem kraft- und machtvollen Menschen geworden bist, der genug Zuspruch erfährt und inspiriert ist.

Ein Weg zur Inspiration führt über die Meditation, und ich werde dir zeigen, wie du in Gang kommen kannst. Ich freue mich sehr darüber, dass der Westen Meditation mag, denn ich halte sie für eine ausgezeichnete spirituelle Praxis. Meditation verhilft uns zu Erkenntnis und Weisheit, das Gegengift für das Ego. Die Einsichten, die man durch Meditation erlangt, sind vollkommen frei von den Lügenmärchen, die wir für uns und von uns erschaffen. Die Meditation befreit uns von all den Bedingungen, mit denen wir für gewöhnlich unsere Worte und Taten befrachten, und versetzt uns in die Lage, loszulassen und zu erkennen, dass Handeln an sich wichtiger als das Ergebnis ist.

> ***Es ist das Handeln selbst, und nicht das Ergebnis unseres Handelns, das von Bedeutung ist. Du musst das Richtige tun. Es mag nicht in deiner Macht liegen, vielleicht nicht in deiner Zeit, dass dein Handeln Früchte trägt. Doch das bedeutet nicht, dass du aufhören sollst, das Richtige zu tun. Möglicherweise erfährst du nie, welche Folgen dein Handeln hat. Doch wenn du nichts tust, dann wird es keine Folgen geben.*** *Mahatma Gandhi*

Es gibt zwei Arten von Meditation. Die *analytische Meditation* macht es erforderlich, dass du deinen Verstand einsetzt, um das grundlegende Wesen der Welt zu begreifen. Die *Sitzmeditation* hingegen verlangt von dir, dass du deinen Geist in einem friedlichen Zustand zurücklässt und in der Gegenwart verharrst, ohne dich zu analysieren.

Meditation hilft uns, zu entspannen, unsere umherirrenden Gedanken zu beruhigen und einfach still zu sitzen. Dann beginnen wir, nachzuforschen und unseren eigenen Weg zu finden. Es gibt viele verschiedene Methoden, die uns zu unserem Weg führen, doch weisen sie alle in eine Richtung. Mache dir also keine Sorgen darüber, auf welcher «Stufe» du dich befindest; praktiziere einfach weiter, und die Zeit wird dir sagen, dass du dir keine Sorgen darüber zu machen brauchst, wo du bist.

Es gibt offizielle und inoffizielle Meditationspraktiken. Ich glaube, am Anfang ist die inoffizielle Praxis hilfreicher und sinnvoller. Offiziell sollen wir bei der Meditation an «nichts» denken, aber das ist wirklich außerordentlich schwer. Zwar sitzen wir reglos und schweigend da, doch tatsächlich sind wir mehr damit beschäftigt, so zu tun, als ob wir meditierten. Außerdem neigen wir dazu, uns zu verlieren. Wir verstehen nicht wirklich, was sich um uns her ereignet, unser Geist verirrt sich und wandert querbeet umher.

Bei der inoffiziellen Meditationspraxis können wir eine Vorstellung aufgreifen und dann über sie nachsinnen. Beispielsweise betrachten wir die aufgehende Sonne und denken an Vergänglichkeit und die Macht des Gegenwärtigen. Oder wir sehen Menschen an und überlegen, dass wir gleich sind und im selben Boot sitzen. Bei dieser Art der Meditation machst du dich vertraut mit den Dingen, die dich umgeben, jetzt gerade, in diesem Augenblick, sogar während du dir am frühen Morgen als Erstes einen Tee zubereitest. Diese Praxis ist äußerst nützlich für uns, wenn wir uns überprüfen, unsere Fehler erforschen und sie zu verringern versuchen, indem wir gute Eigenschaften und Motivation entwickeln.

Es ist gut, sich am Abend oder bei Nacht alleine in einem Garten aufzuhalten, sodass all die scheuen Wesenheiten dich heimsuchen und dich in einem Tagtraum außer Kraft gesetzten Denkens in Besitz nehmen. *James Douglas*

Alles kann Meditation sein. Zum Beispiel können wir Begriffe wie Mitgefühl, Inspiration, Hingabe oder wahre Liebe analysieren. Es steht uns auch frei, die Meditation ganz formal in unseren Alltag etwa bei der Arbeit zu integrieren. Zu solchen Zeiten können wir nach Bedarf den Zugang zu uns selbst suchen, herausfinden, wie wir reagieren und welche Lektion wir gelernt haben. Wir haben die Möglichkeit, in unserem Alltag nach Beispielen für Mitgefühl oder Vereinnahmung zu suchen. Denn erst wenn wir erkennen, dass solche Begriffe nicht leer sind, sondern in unserem Leben eine Rolle spielen, wird es viel reicher und bunter. Erst wenn wir die theoretischen Lektionen in unserem Alltag wiedererkennen, erwachen sie zum Leben.

Leicht geraten wir in das Netz unseres Begehrens und vergessen, uns um das zu kümmern, was um uns her geschieht. Doch wenn wir nach und nach auf die Einzelheiten des Lebens aufmerksam werden, dann entdecken wir Menschen und Dinge, die uns berühren und inspirieren. Es muss gar nichts Großes sein, einfach nur etwas, das unsere Aufmerksamkeit fesselt. Jede Bewegung, jeder Gedanke und jede Erscheinung kann als echte Lektion angenommen werden, und jede dieser Lektionen ist hundert- oder tausendmal wertvoller als formaler Unterricht, insbesondere um unser Wissen und unsere Entwicklung voranzubringen. Ich denke, es ist viel besser, so oft wie möglich Lehren aus den Ereignissen in der eigenen Umgebung abzuleiten.

Beginne diese Übung, indem du dich mit den Dingen in deiner Umgebung vertraut machst. Am besten hältst du dir zu diesem Zweck ein wenig Zeit frei und übernimmst die Übung dann mit in deinen Alltag. Angenommen, du sitzt in einem Zug und steckst den Kopf in eine langweilige Zeitung. Nutze stattdessen deine Zeit, um all die Details deiner Umgebung in dich aufzunehmen, die interessanten Leute oder schönen Ausblicke, denen du dich bisher nie gewidmet hast. Ja, und da ist eine ältere Dame, die sich furchtbar gerne hinsetzen würde und sich bei dir bedankt, als du ihr deinen Platz anbietest. Wenn du wie sonst deine Zeitung gelesen hättest, wäre dir all das entgangen.

Mir hilft Kontemplation, mich wirklich zu entspannen. Es fühlt sich an wie Schwimmen mitten in einem Ozean. Ich empfinde Seelenfrieden, was ein Segen ist und zeigt, dass der aufstrebende Geist funktioniert. Ich bin nicht unbedingt jemand, der in sinnlicher Hinsicht auf der Suche nach Glückseligkeit ist, aber in der inneren Einkehr erfasst mich ein tiefes Verstehen, das friedlich und umfassend ist. Schon, wenn ich mich umblicke, fühle ich mich inspiriert. Es geschieht fast automatisch.

So wie du in der Kontemplation die Situation um dich betrachtest, möchte ich dich auch ermutigen, über deine eigene persönliche Situation, über deine Höhen und Tiefen zu meditieren. Es wäre Unsinn, wenn du deine Gefühle vor dir selbst geheim hieltest und sie verdrängtest. Offenbare sie dir, damit du über sie nachsinnen und die darin enthaltenen Lektionen lernen kannst. Das ist oft nicht ganz so einfach, wie es sich anhört – wir haben uns mit so vielen Schichten aus Ego und falschen Selbstbildern umhüllt, dass es uns manchmal leichter fällt, unseren Selbstbetrug aufrechtzuerhalten. Doch ist es notwendig, dass du deine Geheimnisse vor dir selbst offenlegst und sie aus mehreren Perspektiven erforschst.

Wenn du dir zum Beispiel wegen irgendetwas Sorgen machst oder Angst hast, dann schiebe die Gefühle nicht einfach beiseite und beschuldige dich, albern, schwach oder egozentrisch zu sein. Gehe in die innere Einkehr und denke darüber nach, was sich hinter deinen Gefühlen verbergen könnte und was in ihrem Zentrum steht, und dann finde heraus, ob du sie auch aus einer positiveren Warte sehen kannst. Ja, es stimmt, du bist bange. Doch wenn du dir Sorgen machst, dass etwas schiefgehen könnte, dann heißt das oft, dass du vor der aufregenden Gelegenheit stehst, etwas Bedeutsames zu tun. Wenn du Angst davor hast, dass etwas nicht von Dauer sein könnte, gelingt es dir dann, dich in die Gegenwart zurückzuholen und deine Inspiration aufzugreifen, statt dich von deinen Verlustängsten vereinnahmen zu lassen?

Die Phantasie heilt das Chaos im Herzen.

Tibetisches Sprichwort

Meditation und Kontemplation tragen dazu bei, negative Zyklen zu durchbrechen. Indem du dir deinen *wissensdurstigen Geist* zunutze machst, kannst du eine Situation aus einer neuen Perspektive betrachten oder in der Herausforderung des Tages eine Lektion erkennen. Falls du dich dabei ertappst, dass du Gedanken wie «Immer ich!» oder «Warum stößt mir schon wieder so etwas zu?» produzierst, dann lass dir ein wenig Zeit, damit du erst einmal Luft holen und klarer denken kannst. Vielleicht erkennst du dann, dass du nicht wieder einem alten Muster folgen musst, sondern mit neuer Inspiration einen anderen Weg wählen kannst. Diese Praxis erlaubt es dir, den wild wandernden Geist langsam zu zähmen und damit auch die Ablenkungen, unter denen wir alle leiden und die häufig mehr Platz in unserem Kopf einnehmen als das, was wirklich wichtig ist. Statt immer nur um all die negativen Möglichkeiten zu kreisen, die sich aus bestimmten Situationen in deinem Leben ergeben könnten, wirst du stattdessen Dankbarkeit empfinden für das, was ist.

Ich habe viele Texte gelesen, in denen von Mitgefühl und Güte die Rede ist und die verlangen, Mitgefühl für sich selbst zu entwickeln. Danach könne man auch anderen Menschen mit Mitgefühl begegnen. Es sei erforderlich, dass man mit sich selbst nachsichtiger umgehe, damit man ganz allgemein mehr Geduld und Toleranz entwickeln könne. In meinen Lehren vertrete ich die Auffassung: «Denke zuerst an die anderen.» Es ist das Denken an die anderen, das uns dazu motivieren sollte, uns selbst nicht zu vergessen. Stellst du deine Mitmenschen dir selbst voran, dann verfängst du dich nicht so leicht in den Fallstricken deines Egos und vergisst, wenn du für dich selbst sorgst, nicht deine wahre Bestimmung: das Kümmern um andere.

Erfülle deinen Geist mit Mitgefühl. *Buddha*

Der wurzellose Geist

Wir müssen erkennen, dass der Geist ohne Wurzeln ist. Gestatten wir es ihm, Wurzeln zu schlagen, dann verleiten wir ihn dazu, immer in den gleichen Bahnen zu denken. Dann sagen wir uns, dass wir nur unter bestimmten Voraussetzungen glücklich sein können: Das Wetter muss gut sein, nicht zu kalt, nicht zu heiß, wir müssen eine gute Mahlzeit im Bauch haben, wir müssen Spaß haben. Und sobald sich die Voraussetzungen verändern, wird unser Geist unglücklich oder sogar wütend. Deine Stimmung schlägt von einem Augenblick auf den anderen um. Vielleicht wirst du hungrig, und schon macht sich schlechte Laune breit. Zu Beginn des Tages warst du noch zufrieden und glücklich, und mit einem Mal haben sich Glück und Zufriedenheit aufgelöst. Es geschieht leicht, dass wir es äußeren Umständen gestatten, unseren Geist zu beherrschen. Unser Ego ist leicht aus dem Tritt zu bringen. Und nicht nur das, unser Geist wird sich auch an starren Sichtweisen und Einstellungen festklammern, wenn wir es ihm erlauben.

Indem wir unserem Geist beibringen, entspannter zu sein, entwickeln wir Widerstandskraft gegen äußere Umstände und Unbeständigkeit. Das bedeutet nicht, dass wir keine Richtung haben, doch fällt es uns leichter, uns dem Fluss zu überlassen. Wir sind fähig zu erkennen, dass wir selbst durch unsere Wahrnehmung und Interpretation eine Version der Wirklichkeit erschaffen, dass die Dinge nicht unverrückbar sind und dass andere nicht unsere, aber dennoch eine gültige Wahrnehmung haben können. Beispielsweise könnte es sein, dass du eine bestimmte Sache besonders schön findest. Für dich ist diese Sache äußerst attraktiv, doch für andere muss das nicht unbedingt so sein. Es kann sich um eine Person oder ein Gemälde oder ein Haus handeln. Was auch immer es ist, es ist die Schöpfung *deines* Geistes, und warum sollten wir alle die gleiche Wahrnehmung haben? Ein jeder von uns erschafft seine eigene Wirklichkeit, und es kann äußerst befreiend sein, diese Tatsache zu akzeptieren.

Es mag sich wie ein Widerspruch anhören, doch wenn es dir gelingt, die wurzellose, fließende Qualität des Geistes anzunehmen, dann kannst du beginnen, ihn zu zähmen. Es ist vielleicht beunruhigend, sich den Geist ohne Wurzeln vorzustellen, ohne eine feste Basis, von der er seinen Ausgang nimmt. Oft suchen wir im Leben nach etwas, was uns Halt gibt und erdet, auch im Hinblick auf unser Denken. Wir haben unsere mentale Persönlichkeit – die Art, wie wir die Welt und die Menschen um uns herum einordnen, unsere Sichtweisen, unsere Filter und Linsen. Doch es ist gut, den Geist ohne Wurzeln zu begreifen, denn diese Einsicht eröffnet uns großes Potenzial und die ultimative Freiheit. Der wurzellose Geist ist der Schlüssel zu Erkenntnis, zu Mitgefühl, ja, zu allem.

Mit der Meditation bändigen wir unseren unruhigen Geist, ohne ihn zu fesseln. Mit ihrer Hilfe fördern wir die Entstehung von Klarheit und Konzentration und gestatten es dem Geist zugleich, frei zu fließen und uns auf unseren ganz persönlichen Weg zu führen. Die Meditation hilft dir, deine Bestimmung zu finden, deine Inspiration deutlicher zu erkennen und festzustellen, welcher Weg dorthin führt und was du heute in diesem Sinne erledigen musst. Die Meditation ist wie eine Schatzkiste, und mit ein wenig Einblick in die Beschaffenheit deiner Person kannst du dich für alles öffnen und alles aufnehmen.

Wir raten nicht dazu, während der Meditation dem Gedankenfluss Einhalt zu gebieten. Zwar sind Gedanken eine Art Fiktion, und wir wollen ja nach und nach unser wahres Wesen kennenlernen. Es ist aber sehr schwer, Gedanken zu vermeiden, und am Ende tust du nur so, als ob dein Geist leer ist, während er in Wahrheit überquillt. Wir empfehlen deshalb, die Gedanken kommen und sanft gehen zu lassen. Schenke ihnen keine Aufmerksamkeit, nimm sie zur Kenntnis, und lass sie enteilen. Dein Geist ist wie ein kleines Kind, das viel Krach macht; wenn du ihm das Gefühl gibst, dass du dich um ihn kümmerst, dann wird er sich von ganz alleine beruhigen. Vielleicht musst du Geduld aufbringen, und das gilt auch für deinen Geist, aber mit der Zeit werden seine Beschwerden und Forderungen nachlassen. Gedanken werden auftauchen und wieder verschwinden. Es spielt keine Rolle, ob sie positiv oder negativ sind. Lass sie zu, aber achte nicht auf sie. Langsam wird dein Geist zur Ruhe finden, ohne sich in seine Phantasien zu verlieren, und du wirst deinen Seelenfrieden haben.

Mit der Meditation beginnen

- Es kann vor allem für Anfänger hilfreich sein, wenn sie einen ruhigen Platz haben, an den sie sich zurückziehen und über den Tag nachsinnen können. Mit der Zeit werden dich Geräusche und Ablenkungen nicht mehr so stören.
- Aufrecht und gerade zu sitzen, öffnet den Körper und schafft ein Gefühl von Gleichgewicht.
- Die Augen sollten entspannt und ohne Anstrengung auf einen Gegenstand vor dir gerichtet sein. Die Augen sind äußerst wahrnehmungsfähig und üben häufig eine direkte Kontrolle über deinen Geist aus. Wenn deine Augen umherwandern und in Bewegung sind, dann wird auch dein Geist beschäftigt und gestört sein. Folglich ist die Ausrichtung der Augen wichtig. Am leichtesten wird dir die Meditation fallen, wenn du den Blick leicht nach unten gerichtet hältst. Manche Menschen glauben, dass sie die Augen bei der Meditation geschlossen halten sollen, aber wir empfehlen die Meditation mit geöffneten Augen. Wenn du sie schließt, dann fühlst du dich zwar vorübergehend gut, weil du nicht abgelenkt wirst, doch sobald du die Augen wieder öffnest, fühlst du dich noch stärker gestört als gewöhnlich. Oder es entsteht ein Kontrast zwischen Meditation und tatsächlicher Welt, während du doch die Meditation zu einem Bestandteil deines Alltags machen und deine Tage und Nächte mit dem meditativen Geisteszustand in Übereinstimmung bringen willst.
- Um deine Kontemplation in Gang zu bringen, kannst du

vielleicht damit beginnen, dich auf deinen Atem zu konzentrieren und ihn in alle Bereiche deines Körpers zu verteilen.

- Die meisten Menschen haben das Gefühl, dass sie «zu viel denken». Wenn du das Gefühl hast, dein Kopf brummt vor lauter Gedanken, rast von einem Thema zum nächsten, ohne sich auf ein einzelnes konzentrieren zu können, dann nimm dir wirklich die Zeit, dich auf deinen langsamen Atem zu konzentrieren. Lass deine Gedanken nach und nach langsamer werden. Lass sie davontreiben, bis nur noch das im Zentrum zurückbleibt, was wirklich wichtig ist – etwas, worauf du dich dann vielleicht konzentrieren möchtest.
- Wenn du über den Tag nachsinnst, dann finde heraus, ob du eine «vereinnahmende» Emotion empfunden hast wie etwa Frustration oder Wut oder vielleicht Langeweile oder Neid oder Gier? Falls eines dieser Gefühle Bestandteil deines Tages war, dann nimm dir jetzt, da du still bist und ruhig dasitzt, die Zeit, es genauer zu betrachten. Wende es in deinem Kopf hin und her und denke darüber nach, wie du von ihm etwas lernen oder es in etwas Positives verwandeln könntest. Betrachte es im Detail und erkenne, dass es vergänglich ist.
- Probiere es aus und bleibe für ein paar Minuten dabei. Wir raten dazu, die Meditation kurz und konzentriert zu halten statt lang und abgelenkt. Langweilige Meditation führt zu schlechten Angewohnheiten. Deshalb ist es besser, sie konzentriert und klar zu halten, auch wenn das anfangs bedeutet, dass sie nur kurz ist.

Habe keine Angst vor der Stille. Wir sind in unserem alltäglichen modernen Leben so umzingelt von Ablenkungen und

Geräuschen, dass selbst ein Paar Minuten der Stille und Untätigkeit eine Herausforderung darstellen können. Wir tragen unsere Geschäftigkeit wie ein Ehrenzeichen und nehmen uns kaum die Zeit, zu essen oder in Ruhe eine Tasse Tee zu trinken, ganz zu schweigen von der Kontemplation. Anfangs fühlst du dich vielleicht ein bisschen aufgewühlt und ruhelos und denkst, du könntest nicht stillsitzen. Doch auch ein paar Augenblicke des stillen Dasitzens auf deinem gemütlichen Bett, warm und ohne Ablenkungen, werden sehr wirkungsvoll sein. Deinem Geist zu erlauben, dass er sich beruhigt und auf die Bremse tritt, ist der beste Weg, Energie zu tanken. Dein Denken wird wieder klarer, und es wird dir im Laufe des Tages leichter fallen, dich zu konzentrieren. Entscheidungen, die zu treffen dir bisher so schwerfielen, werden dir in kürzester Zeit gelingen, sobald du dich besser kennenlernst und weißt, was du dir vom Leben wirklich erwartest. Du wirst lernen, auf dein Herz zu hören, und dein Zeitgefühl wird sich öffnen und ausdehnen. Du hast nicht mehr länger den Eindruck, in einem irren Tempo dahinzurasen, sondern gehst deinen Weg in einer verträglichen Geschwindigkeit, die es dir gestattet, von einem Moment zum nächsten zu leben.

Versuche, dich zu entspannen und in einen offenen und freien Geisteszustand zu versetzen. Gib deinem Geist Raum, damit er sich ausruhen kann. Bleibe einfach bei ihm und beobachte, was er tut. Ich glaube, das ist ein guter Anfang. Strecke deinen Körper und entspanne dich. Verzichte eine Weile darauf, irgendetwas zu tun. Versuche eine Zeitlang einfach zu *sein.*

Neben der Zeit, die man sich im Laufe des Tages für die Kontemplation nimmt, sind auch körperliche Übungen sinnvoll, denn sie tragen ebenfalls dazu bei, schon während der Übung oder danach, den Geist zu beruhigen. Eine stramme Wanderung, ein paar Kilometer Jogging oder ein Gymnastik-Workout, insbesondere zu mehreren und mit Musik, veranlasst dich, deine ganze Anstrengung in den Körper zu verlagern, und gibt deinem Geist die Gelegenheit, sich auszuruhen und zu erholen. Oftmals fallen einem unter solchen Voraussetzungen die Lösungen zu Problemen ein, die den ganzen Tag im Büro unüberwindlich schienen – die Lösungen waren schon immer da, aber weil du deinem Geist eine Pause vom Lärmen des Alltags gegönnt hast, konnten sie überhaupt erst zum Vorschein kommen.

Der praktische Geist

Nachdem du deinen inspirierten Geist entwickelt hast, kannst du anfangen, dich mit dem praktischen Geist zu beschäftigen. Du hast den Grundstein gelegt, um dich richtig zu fokussieren, Entscheidungen zu treffen und um deinen Geist so einzusetzen, dass du Kraft und Initiative aufbringst, um voranzugehen und zu handeln. Dein praktischer Geist ist auch derjenige, mit dessen Hilfe du in dir Großzügigkeit, Geduld und Demut verstärkst, indem du dir praktische Betätigungsfelder suchst, durch die du diese Eigenschaften in dir weiter ausbauen kannst.

Es ist wichtig, dass du zuerst deinen inspirierten Geist stärkst, damit deine Motivation zum Üben selbstlos ist. Sonst wird dir dein Ego zu oft im Weg stehen. Zum Beispiel kann es passieren, dass du an deiner Großzügigkeit arbeitest, doch nur wenig bereit bist zu geben und eine Gegenleistung erwartest. Oder aber du bist sehr enttäuscht, wenn man dir nicht gebührend dankt. Du knüpfst Bedingungen an deine Großzügigkeit oder zeigst dich nur bei Menschen geduldig, die du magst. Mit einem gut entwickelten inspirierten Geist bist du zum Geben motiviert, ohne damit irgendwelche Bedingungen zu verbinden.

Beim Üben kann dir Meditation helfen, deine mentalen Fortschritte und dein Handeln im Alltag zu überprüfen. Mit der Unterstützung von Meditation kannst du feststellen, ob du Fortschritte machst oder nicht und ob sich deine Weisheit und dein Mitgefühl wunschgemäß entwickeln. Du kannst über deine Gedanken und Erfahrungen nachsinnen und herausfinden, ob es Situationen und Menschen in deinem Leben gibt, die sich für dich richtig oder falsch anfühlen. Es ist wichtig, dass du deine Erfahrungen aus der Blickrichtung deines Herzens überprüfst – alles Positive und Negative ist in dir und wird dir nicht von anderen zugeteilt, auch wenn es dir nicht so erscheint.

Du trainierst jetzt den Teil deines Geistes, der die Kraft gibt, auf der Basis deiner Inspiration Gutes zu tun. Wie so oft gilt auch hier: Das Eine ist ohne das Andere nicht gut. Das soll heißen: Nur für andere sorgen, ohne sich um sich selbst zu kümmern, ist nicht gut. Jede Medaille hat zwei Seiten. Bediene dich deines inspirierten Geistes, um deinen Weg zu finden und dein Versprechen abzugeben, und dann nutze die Kraft des praktischen Geistes, deinen Weg zu beschreiten, zu handeln und das Versprechen einzulösen.

Wie man mental alleine lebt

Einsamkeit ist für viele Menschen ein großes Problem. Dennoch ist die Fähigkeit, alleine und unabhängig von anderen zu leben, eine große Stärke und Fertigkeit. Mit dieser Kraft wirst du in deinen Beziehungen sogar noch glücklicher sein. Du bist frei von den Ketten der Abhängigkeit und erfüllt von entspannter Freude.

Indem du deinen Geist durch innere Einkehr schulst, wächst deine Fähigkeit, sowohl mental als auch körperlich allein zu sein. Vielen Menschen fällt es schon schwer, auch nur fünf Minuten stillzusitzen, von der Erforschung ihrer Gedanken und Gefühle ganz zu schweigen. Doch indem du dich von der Geschäftigkeit deines Alltags vorübergehend zurückziehst und Zuflucht etwa im Park suchst, um dort zu sitzen und die Schmetterlinge zu beobachten, um zu lernen, wie man still und aufmerksam ist, wird sich Zufriedenheit und Selbstvertrauen in dir ausbreiten.

Zwinge dich nicht zum Alleinsein, sondern gehe liebevoll mit dir um. Manche Menschen, die sich zur Besinnung in die Berge zurückziehen, bleiben dennoch mit ihrem Geist in der Stadt und halten es alleine nicht aus. Beginne also mit kleinen Schritten. Suche dir einen Platz, den *du* als friedlich und beruhigend empfindest. Das kann im Park sein, auf dem Sofa oder auf einem Berggipfel.

Die meisten Menschen sind so glücklich, wie ihr Geist es ihnen gestattet. *Abraham Lincoln*

Liebevolles und gütiges Handeln

Bewahre sorgsam in dir den Schatz namens Güte. Wisse, ohne Zögern zu geben, ohne Reue zu verlieren und ohne Gemeinheit zu erlangen.
George Sand

Viele Menschen schrecken davor zurück, sich selbst zu lieben, weil sie meinen, es sei egoistisch oder maßlos. Doch wer anderen Menschen Mitgefühl entgegenbringen will, der muss sich erst darin üben, sich selbst mit Mitgefühl zu begegnen. Damit meine ich nicht, dass man sich zum Erfüllungsgehilfen seines Egos macht, sondern dass man über sein Leben und seine Motivation nachsinnt und die Kostbarkeit des Lebens wertschätzt. Sobald du dich selbst kennst, weißt du, dass alle anderen genau die gleichen Gefühle haben, und dieses Wissen liefert dir gute Gründe, deinen Mitmenschen mitfühlend zu begegnen. Wenn du erkannt hast, wie du dein eigenes Leben verbessern kannst, dann weißt du auch, was andere brauchen. Sich um andere zu kümmern, ist eine sehr kreative und positive Sache – ich bezeichne das gern als *Hingabe*. Dir bietet sich die Gelegenheit, dich zu einem freundlichen und hingebungsvollen Menschen zu entwickeln! Doch wenn wir nicht wissen, wie wir uns selbst aufrichtig lieben können, dann können wir natürlich auch andere Menschen nicht lieben.

Du selbst verdienst, genauso wie jeder andere Mensch im gesamten Universum, deine Liebe und Zuneigung. *Buddha*

Was ist denn nun Liebe wirklich? Wenn wir Liebe verstehen und empfinden, dann ist das Leben bunt. Wir lassen uns leicht dazu verleiten, Liebe für eine Angelegenheit des Egos zu halten. Man kann Liebe schnell als Wollust, Begehren und Sehnen interpretieren, doch tatsächlich ist Liebe Verstehen. Wenn du Verständnis und Mitgefühl für einen Menschen aufbringst, dann wirst du alles tun, um ihn zu unterstützen und gütig zu ihm zu sein – bedingungslos und aufrichtig. Ein jeder von uns weiß tief im Inneren, wie man Liebe erkennt, denn wir haben sie bereits erfahren, vielleicht nicht in diesem Leben, aber bestimmt in einem vorhergehenden.

Erinnere dich einen Augenblick an eine Liebe in deinem Leben, die vollkommen uneigennützig war und die du entweder empfangen oder geschenkt hast. Mache dir die Erinnerung an diese Liebe mit den dazugehörigen Gefühlen und der Wärme bewusst. Indem du dich für die von bedingungsloser Liebe hervorgerufenen Gefühle öffnest, wirst du empfänglich dafür, sie in deinem Alltag neuerlich zu empfinden.

Um anderen Menschen zu nutzen, musst du etwas haben, was du mit ihnen teilst. Als Erstes musst du also glücklich sein – dann kannst du dein Glück teilen. Und das wiederum ist Liebe. Liebe heißt, etwas teilen; die praktische Anwendung von Liebe ist Teilen und Geben. Indem du dein Mitgefühl entwickelst, erfährt dein Glück eine enorme Steigerung, und dieses gesteigerte Glück kannst du mit anderen teilen. Also lächle, sei freundlich und aufmerksam. All dies muss von Herzen kommen, und das Herz muss glücklich sein. Wenn du glücklich bist, dann lächelst und lachst du automatisch, da kann man niemanden täuschen. Ein glücklicher Mensch ist aus sich heraus freundlich und aufmerksam. Du teilst dein Lächeln, du teilst dein Strahlen.

Mitgefühl

Für mich hört sich das Wort «Mitgefühl» in unseren modernen Zeiten sehr religiös an, dennoch mag ich es, weil es für eine sehr, sehr schöne Sache steht. Mitgefühl heißt *vollständiges Verstehen*. Mitgefühl ist die Mutter oder der Vater, ja die Essenz der Erleuchtung. Der Buddha hat seinen Ursprung in Mitgefühl und liebevoller Güte. Bin ich von Mitgefühl erfüllt, dann gebe ich dir das, was du brauchst, so gut ich kann und ohne Bedingungen. Ich stecke dich nicht in eine Schublade, lasse dir deine Freiheit und befrachte dich nicht mit Erwartungen.

Alle positiven Aktivitäten erwachsen aus Mitgefühl – Mitgefühl ist das Fundament. Darauf erst kann Liebe, Freundlichkeit, alles aufbauen. Mitgefühl lässt das Universum funktionieren, die Menschen, die Freundschaften.

Um Mitgefühl wirklich durchdringen zu können, musst du es zunächst dir selbst entgegenbringen. Wirf alle deine Etiketten über Bord, mit denen du dich versiehst. Denke an deine wirklichen Bedürfnisse. Nichts ist verborgen, nichts ist ein Geheimnis, alles ist glasklar. Wenn du herausfinden kannst, was es bedeutet, wirklich du selbst zu sein, dann wirst du dich in deiner Haut wohlfühlen und mit dir allein glücklich sein. Das Gefühl von Verstehen wird dich mit Glück erfüllen und dir ein Fundament bereiten, auf dem du echte Liebe und Güte aufbauen kannst. Es wird dir eine Freiheit schenken, die du an andere weitergeben kannst, eines der besten Geschenke überhaupt.

Als ich einmal eine Vorlesung hielt, fragte mich einer meiner Schüler: «Wenn ich mich um andere kümmere, wer kümmert sich dann um mich?» Er hatte gerade angefangen, über sich selbst nachzusinnen. Das ist eine interessante Frage. Aber, um die Wahrheit zu sagen, am besten kümmert man sich um sich selbst, indem man sich um andere kümmert. Genau so funktioniert es. Doch meistenteils fällt es uns schwer, so zu leben oder auch nur diese Vorstellung zu akzeptieren. Wir wollen uns selbst um uns kümmern. So entwickeln wir unser Ego und lernen zu überleben; das Überleben des Stärkeren. Aber ich glaube nicht, dass wir wirklich so sein wollen.

Neben der Liebe sind auch Angst und Verletzlichkeit natürliche Gefühle. Angst ist eine Verbündete des Egos. Ihr Ziel ist es, den Status quo aufrechtzuerhalten, die Dinge schön übersichtlich geordnet und möglichst genau so zu belassen, wie sie sind, statt sich für neue und unbekannte Möglichkeiten zu öffnen. Wenn wir Verletzlichkeit aus dieser Perspektive betrachten, dann kann sie tatsächlich äußerst nützlich sein. Sie geht davon aus, dass die Zukunft ungewiss ist, sie ist sehr aufrichtig und menschlich. Gelingt es uns mit der Zeit, unsere Verletzlichkeit anzunehmen, dann ist es weniger wahrscheinlich, dass wir Hürden errichten, die wahrer Liebe den Zugang zu uns versperren. Wie wir Liebe definieren oder sehen, ist abhängig von unserem Selbstverständnis. Viele Menschen setzen sich selbst in Bezug zur Liebe: «Ich werde nie die wahre Liebe finden», «Am Ende werde ich immer zurückgewiesen», «Ich will doch nur geliebt werden». Das sind Gedankenmuster, die unser Ego erschafft, um uns an der Stelle verharren zu lassen, an der uns unsere Überzeugungen in die Enge getrieben haben. Oder wir finden die Liebe, und die Angst setzt ein, dass wir sie verlieren könnten oder dass sie vielleicht doch nicht ganz vollkommen ist. Wir setzen alles daran, sie unter Kontrolle zu bekommen.

Doch sobald man die Liebe kontrolliert, kann sie niemals echt sein. Liebe ist Freiheit. Liebe heißt, ein Risiko eingehen.

Güte und Respekt

Gelingt es uns, gegenseitigen Respekt zu entwickeln, dann wird Güte auf natürliche Weise erblühen. Für mich ist das die Schönheit der Spiritualität, die Quintessenz. Gegenwärtig machen wir es uns selbst nicht eben leicht, Respekt und Freundlichkeit zu fördern. Die Welt ist so eingerichtet, dass wir meinen, alles konsumieren zu müssen. Wir fällen innerhalb von Minuten ganze Wälder, die für ihr Wachstum Jahrzehnte gebraucht haben, nur um an ihr bisschen Energie zu kommen. Wir mästen Tiere, um unsere immerfort wachsende Gier nach Fleisch zu befriedigen, statt an ihrer Seite zu leben und mit ein paar Eiern oder ihrer Milch zufrieden zu sein. Wir sind in ein Muster des gegenseitigen Gebrauchens und Missbrauchens geraten, nur um die Oberhand zu behalten. Wir haben gelernt, egoistisch zu sein, aus Angst, dass andere sich der vorhandenen Reichtümer bemächtigen und uns hinter sich zurücklassen.

Meditation und Kontemplation wirken dieser Einstellung entgegen und helfen uns, nach und nach Selbstlosigkeit zu entwickeln. Ich bezweifle, dass sich die meisten Menschen mit dem gegenwärtigen Stand der Dinge wohlfühlen; es fühlt sich nicht gut an, wenn man sich auf Kosten aller anderen vordrängelt, aber manchmal ist es eben schwer, zu wissen, was man anders machen kann. Indem du deinen mitfühlenden Geist entwickelst, wächst dein Selbstvertrauen, das dich neue Wege ausprobieren lässt. Du erkennst, dass Respekt und Freundlichkeit, die du anderen entgegenbringst, unendlich wertvoller sind als der Platz in der ersten Reihe und der Status als Bester.

Was bedeutet dir Liebe?

Gestatte es dir, alle deine Gefühle im Zusammenhang mit dem Wort «Liebe» zu erforschen. Manche von ihnen werden beglückend, andere eher traurig und wieder andere voller Reue sein. Halte dich nicht bei den traurigen Gefühlen auf, aber nimm sie an und gestatte es dir, dich von diesen alten Gefühlsmustern zu entfernen. Alles Mögliche kann sich heute und morgen ereignen, also stecke dich nicht in Schubladen, sondern lerne die eine oder andere Lektion und gib dir eine Chance zu heilen.

Der buddhistische Lehrer und Philosoph Nagarguna hat gesagt: Mitgefühl ist wie «Wasser, das für die Ernte benötigt wird». Es wird bei der Arbeit auf dem Feld gebraucht, während des Wachstums der Pflanzen und selbst dann noch, wenn sie ausgewachsen sind. Auf die gleiche Weise ist Mitgefühl entscheidend für einen Anfänger, der sich auf den Weg gemacht hat, und auch später noch, wenn er immer weiter vorankommt. Mitgefühl und wahre Liebe werden am Anfang, in der Mitte und am Ende des Weges gebraucht.

Unser Weg im Leben hat seine Ursache in unserer Bestimmung – er *ist* unsere Bestimmung. Entscheidend ist, dass es ein Weg des Mitgefühls ist. Was immer wir tun und was immer wir sagen, es muss aus Mitgefühl und Liebe geschehen, statt von unserem Ego oder von eigennützigen Vorstellungen auszugehen. Alle meine Überzeugungen, die ich dir in diesem Buch zu vermitteln versuche, sollen dich dazu inspirieren, zuallererst dein Mitgefühl zu entwickeln und dann in diesem Sinne tätig zu werden. So einfach und so schwierig ist das. Keiner der Buddhas konnte sich ohne praktisches Tun verwirklichen, deshalb ist der Weg die Umsetzung in die Praxis. Wir müssen es versuchen, auch wenn wir Anfänger sind; jeden Tag ein bisschen, um Übung zu bekommen.

Wenn du es wünschst, dann kannst du Harmonie, Glück, Verstehen und Erleuchtung in die Welt tragen. Erleuchtung liegt vielleicht noch in einiger Entfernung, aber deine Wärme könntest du bereits mit anderen teilen; durch Verständnis würdest du weicher werden. Wir erkennen die Menschen, mit denen wir Zeit verbringen möchten, weil es sich wärmer und friedlicher anfühlt, und wir erkennen Menschen, die kalt sind, weil wir uns in ihrer Gesellschaft fühlen, als berührten wir Eis. Das Zusammensein mit ihnen erwärmt uns nicht, weil ihnen der Mut fehlt, sich selbst zu lieben, folglich haben sie auch nichts, was sie teilen könnten.

Fällt es dir schwer, einem Menschen oder einer Situation mit Mitgefühl zu begegnen, dann versuche es mit einem Perspektivwechsel. Man kann seine Gewohnheiten verändern. Genauso wenig wie kein Tag ist wie der andere oder gestern wie heute, so können auch wir heute zu etwas fähig sein, was wir gestern noch nicht konnten – wir können uns selbst, unsere Gedanken und unsere Einstellungen verändern. Den Geist Veränderungen zu unterwerfen, tut ihm gut, und es befreit dich.

Wir alle müssen eine Weile in dieser Welt verbringen. Wir selbst entscheiden, ob wir uns und anderen das Leben zur Hölle machen oder ob wir einander ermutigen und fördern wollen. Jeder Mensch hat bereits erlebt, dass das Leben manchmal sehr schwer und deprimierend sein kann. Deshalb ist es eine großartige Tat, einander immer wieder zu inspirieren und zu ermutigen. Dabei spielt es keine Rolle, welcher Religion oder Nationalität man angehört und welchen Hintergrund man hat.

Manche der Menschen, die ich kennenlerne, glauben, dass sie es nie schaffen werden, so zu sein. Sie halten sich für «nicht gut genug». Sie vergleichen sich mit anderen, die große Geduld oder Freundlichkeit an den Tag legen, und denken: «Ich bin wirklich nicht besonders, wie kann ich es schaffen, so wie sie zu sein? Eigentlich kann ich nicht einmal hoffen, das zu erreichen.» Da ihnen das Selbstvertrauen fehlt, sind sie bereits entmutigt, noch bevor sie den ersten Schritt getan haben.

Es ist falsch zu glauben, dass wir uns nicht ändern können. Wir werden uns nicht entwickeln, wenn wir uns selbst schlechtmachen. Es ist uns nicht möglich, *alles* zu lernen, aber wir müssen uns dennoch fördern und motivieren – warum auch nicht? Warum nicht? Diese Einstellung müssen wir finden. Wenn es keine Hoffnung gäbe, ein großartiger Mensch zu sein, wenn das Potenzial einer Erleuchtung nicht da wäre, warum sollten wir uns dann überhaupt bemühen? Tief in unserem Wesenskern wissen wir, dass auch wir dieses Potenzial haben. Auf deinem Weg durchs Leben hast du bereits den einen oder anderen Blick darauf erhascht, hast Augenblicke wirklichen Verstehens und absoluter Klarheit und wahren Glücks erfahren. Jetzt ist der Zeitpunkt gekommen, sich diesen Momenten zu widmen und zu erkennen, dass es dein Glück bedeutet, andere glücklich zu machen. Auch das gehört dazu, wenn du dich darin übst, dein Bewusstsein im Hier und Jetzt zu halten. Wir können uns anpassen und uns auf den natürlichen Rhythmus der Welt und auf unsere Mitmenschen einstimmen. Wir harmonieren mit der Welt, weil wir erkennen, dass nichts von Dauer, sondern alles im Fluss und in Bewegung ist. Auf diese Weise sorgst du dafür, dass der selten begangene Weg etwas glatter und ausgetretener wird.

Die Buddhas wurden zu Buddhas, indem sie sich um andere kümmerten. *Bodhisattvacharyavatara*

Sei großzügig: Hilf, inspiriere und schütze

Der beste Teil im Leben eines guten Mannes: seine kleinen, namenlosen, unerkannten gütigen und liebevollen Taten.

William Wordsworth

Ebenso wie Glück, Güte und Liebe führt auch Großzügigkeit zu mehr Großzügigkeit. Es ist kaum möglich, Großzügigkeit einen selbstlosen Akt zu nennen, da doch der beste Weg zum eigenen Glück über das Glück führt, das man anderen bereitet. Entscheidend dabei ist allerdings, dass man keine Gegenleistung erwarten darf, und damit haben wir oft Schwierigkeiten. Auch wenn du klein anfängst und nur wenig gibst, ist das gut – vorausgesetzt, dein Geben kommt von Herzen und ist frei von egoistischen Motiven. Natürlich ist es sehr schön, wenn sich jemand bei dir bedankt. Aber wenn der Dank ausbleibt, dann spielt das keine Rolle, du gibst einfach trotzdem.

Großzügigkeit ist nicht allein auf das Schenken materieller Dinge beschränkt. Hast du die Gelegenheit, einem anderen etwas beizubringen oder jemanden zu inspirieren, dann praktizierst du damit auf ebenso gute Weise Großzügigkeit; Inspiration gehört zu den größten Geschenken, die wir machen können. Es ist auch möglich, einem anderen Menschen Schutz oder Fürsorge zu schenken, ein nicht minder bedeutender Akt der Freigiebigkeit. Geduld, Toleranz, Respekt, Lachen, Wertschätzung und Mitgefühl sind wunderbare Gaben, die wir jeden Tag verschenken können, wenn wir einmal darüber nachdenken.

Es ist ein wunderbares, mystisches Naturgesetz, dass wir die drei Dinge, nach denen wir uns im Leben am meisten sehnen – Glück, Freiheit und Seelenfrieden –, erlangen, indem wir selbst sie einem anderen Menschen geben.

Peyton Conway March

Ich bin gerade von einem äußerst fruchtbaren Pilgergang nach Maratika zurückgekehrt. Immer dann, wenn wir müde wurden, tauchte jemand am Straßenrand auf, der uns örtliche Speisen und frisches Wasser anbot. Ich konnte es einfach nicht fassen, dass uns in so einer abgelegenen Gegend gerade dann alles das zur Verfügung stand, wenn wir es brauchten.

Merkwürdigerweise war jedes Mal, wenn etwas verteilt wurde, ich der Erste, der etwas bekam. Manchmal bekam ich viel zu viel, weil offenbar jeder der zweihundert Menschen, die mit uns auf Pilgerschaft waren, mir etwas geben wollte. Ich mochte niemanden durch die Zurückweisung seiner Gaben enttäuschen, also musste ich alle diese Dinge tragen und wusste nicht, wie ich es anstellen sollte. Doch dann entdeckte ich eine ausgezeichnete Methode: Ich behielt ihre Geschenke als Zeichen meiner Wertschätzung für ein paar Stunden bei mir, und dann gab ich sie ihnen zurück, was sie ebenfalls erfreute. Leider ist mir diese Lösung erst recht spät eingefallen, aber beim nächsten Mal weiß ich, wie ich mich verhalten kann.

Einige der großen indischen Yogis erklärten vor ungefähr tausend Jahren in ihren Texten, wie sie es gelernt haben, Großzügigkeit zu praktizieren, indem sie zunächst Dinge von der rechten an die linke Hand weiterreichten und umgekehrt. Sie bedienten sich dieser einfachen Methode, um sich im Geben zu üben. Es kommt einem beinahe kindisch vor, doch das ist vielleicht der Grund, warum es funktioniert – sehr klein anfangen und dann langsam größer und größer werden. Wenn du etwas fortgibst, sei es ein Gegenstand, Inspiration oder Schutz, dann geschieht es, weil du es dir erlaubst, und nicht, weil du dich zwingst. Du spürst weder Reue noch das Bedürfnis, mit deiner großartigen Tat anzugeben. Ein guter Anfang ist das Teilen: Du teilst das, was du zu geben hast, verschenkst die eine Hälfte und behältst die andere für dich. Auf diesem Weg finden wir langsam zurück zu der aufrichtigen Motivation, die an keine Bedingungen geknüpft ist und nicht an das Bedürfnis, der Welt Mitteilung von unserer Tat zu machen. Der Akt des Gebens an sich reicht bereits aus.

> ***Kein Akt der Güte, wie klein er auch sein mag,***
> ***ist jemals vergeblich.*** *Äsop*

Wenn dein Handeln aus dem Herzen erwächst, dann breitet sich in dir ein erfrischendes, friedvolles und zufriedenes Gefühl aus. Du bist nicht stolz, sondern dankbar. Dein Tun ist aufrichtig und echt - wer aus Aufrichtigkeit statt aus einem Gefühl des Zwangs oder der Schuld gibt, dem sind Freude und Befriedigung gewiss. Gib bereitwillig und mit Freude im Herzen, auch wenn du nichts Materielles zu verschenken hast, das spielt keine Rolle. Du musst lediglich dein Herz öffnen und dich von allen Vereinnahmungen durch Dinge oder Menschen befreien. Schenke anderen Freiheit, und du wirst ebenfalls frei sein. Wir alle müssen Brüder und Schwestern sein. Vielleicht bist du reich und ich arm. Das spielt keine Rolle. Welche Sprache du sprichst, ist nicht wichtig. Wer du auch bist, wir sind alle gleich. Jeder von uns macht im Laufe seines Lebens die unterschiedlichsten Erfahrungen, aber am Ende stehen wir alle mit leeren Händen da. Also weinen wir miteinander, lachen zusammen, trauern gemeinsam, genießen Seite an Seite, helfen uns gegenseitig.

Im Verlauf seiner vielen Leben hat Buddha Shakyamuni seinen Körper und sein Leben verschenkt. Einmal, in Nepal, überließ er seinen Körper vollständig einem Tiger, und man kann noch heute den Ort besichtigen, an dem sich das ereignete. Die hungrige Tigerin war im Begriff, ihren eigenen Welpen zu verschlingen, und aus Mitgefühl und weil er wusste, was geschehen würde, bot er sich der Tigerin an. Weil die Tigerin zu schwach zum Fressen war, öffnete er zunächst eine seiner Venen, damit sie sich an seinem Blut stärken konnte. Danach verschlang sie ihn.

Den meisten Menschen geht es immer nur darum, ihr eigenes Glück sicherzustellen. Mit diesem Ziel im Sinn tun sie lauter alberne und egoistische Dinge, ohne zu erkennen, dass sie ihrem eigenen Glück am besten auf die Sprünge helfen, wenn sie andere Menschen glücklich machen. Du kannst selbst überprüfen, ob das zutrifft oder nicht. Hast du ein großes Herz, das bereit ist, zu teilen, dann wirst du noch mehr zurückbekommen. Es ist allein schon eine gute Tat und die Quelle unermesslicher Freude, wenn wir fähig sind, zu geben und zu helfen, ohne Erwartungen und Bedingungen an unser Tun zu knüpfen. Ja, ich kann dir sogar versichern, dass alles Gute, das du bedingungslos tust, ebenfalls bedingungslos erwidert wird. Das ist doch ein redliches Geschäft, nicht wahr? Also verabschiede dich von allem geizigen und egoistischen Verhalten – wenigstens bis auf Weiteres. Bitte sie, dich in Ruhe zu lassen.

Gegenwärtigkeit ist ein Geschenk

Wer seinen Tag aufmerksam durchlebt, der erfreut sich echter Gegenwärtigkeit, und auch das ist ein Geschenk. Alles, was du tust, kann mit einem Gedanken an andere Menschen getan werden, und wenn du nur einen Raum betrittst oder ein Gespräch führst. Du denkst an die Menschen, die sich mit dir im Raum befinden, wie du ihnen begegnen kannst und wie schön es ist, sie zu sehen. Du hörst aufmerksam zu, statt nur an das zu denken, was du als Nächstes sagen möchtest. Du willst die anderen an dem teilhaben lassen, was dich inspiriert, Wissen und Ermutigung und alles, was du kannst, weitergeben. Damit werden dein Vorhaben und dein Weg an sich bereits zu einem Akt der Großzügigkeit.

Ich will dich dazu ermuntern, dich in allem anderen Menschen zu widmen. Wenn dir das auf behutsame und aufrichtige Weise gelingt, dann machst du deine Sache großartig. Damit beschreitest du den besonderen Weg, denn sonst sind wir es ja vor allem gewohnt, uns selbst allen anderen voranzustellen. Bist du fähig, deine eigenen Absichten wenigstens für eine Weile beiseitezustellen, dann hilfst du vielen Menschen und kommst mit deinem Verständnis für das Leben einen großen Schritt weiter. Du wirst unheimlich viel zurückbekommen.

Da dies alles aus der Praxis erwächst, achte darauf, deinem ehrgeizigen Geist keine unerreichbaren Ziele zu setzen; lege einen Schritt nach dem anderen zurück. Ich rate dir, dich und deine Gefühle sorgfältig im Blick zu behalten, statt deine Liebe gleich an die ganze Welt zu verschenken. Es kommt oft vor, dass wir im Namen der Liebe unser Ego noch vergrößern, statt es in seine Schranken zu weisen. Wir wollen uns lieber gut fühlen, als anderen zu helfen. Für andere etwas zu tun, macht uns ohne Zweifel glücklicher, doch geht es dabei um deine ursprüngliche Motivation – wie bei der Frage, wer zuerst da war: die Henne oder das Ei. Also verschenke nicht Hals über Kopf alle deine irdischen Güter. Nach und nach wirst du herausfinden, was du der Welt und deinen Mitmenschen wirklich geben willst. Tue das, was du tun willst, ohne dich zu irgendetwas zu zwingen. Gehe es behutsam und langsam an, und stelle deine Wertschätzung an den Anfang.

Ich rate dir, *jetzt* anzufangen, *jetzt* zu handeln. Wir alle können uns endlos mit der Frage beschäftigen, was wir am besten tun sollen und wie wir helfen können. Am besten, du hörst erst auf dein Herz, legst los und *tust etwas* – was immer du kannst. Stelle dir vor, dass deine kleine Geldspende, deine Freundlichkeit oder Inspiration in einen Ozean eingehen und einen Beitrag zu vielen kleinen Dingen da draußen in der Welt leisten. Dir bietet sich eine endlose Zahl von Gelegenheiten und Möglichkeiten, anderen zu helfen. Auch wenn, was du tust, nur klein ist: tue es für andere, und es wird große Wirkung zeigen. Geben ist Geben. Erwarte nichts zurück, mache die Augen auf und vertraue darauf, dass deine Gaben durch gute Bahnen zu einem guten Ziel fließen. Ich behaupte, Großzügigkeit aus einem großen Herzen heraus bringt dich weiter, als du dir überhaupt vorstellen kannst. Sie gibt dem Leben Sinn und Wert.

Lege Demut und Geduld an den Tag

Nicht länger suchen, um herauszufinden,
was richtig und was falsch ist.
Buddha

Indem du dich darin übst, dich von Vereinnahmungen zu lösen – etwa von materiellem Besitz, Personen, deinen Emotionen oder deiner Weltsicht –, wird es dir gelingen, Stolz durch Demut zu ersetzen. Lässt du dich auch weiterhin durch deinen Körper, dein Aussehen, deine Jugend, Reichtum oder etwas anderes bestimmen, dann kannst du nicht demütig sein. Indem du dich aus deiner Vereinnahmung löst, kann sich dein Geist den wunderbaren Lektionen öffnen, die das Leben dir anbietet. Es wird dir gelingen, aus der Defensive zu gehen, weil du erkennst, dass diese Lektionen niemals das Ziel haben, dich zu verletzen oder zu demütigen oder zu beschämen. Wenn du dich als der Mensch annehmen kannst, der du bist, dann verwandelt sich jeder Augenblick in deinem Leben in eine Chance oder einfach in eine Erfahrung, die du auf deinem Weg machst.

Stolz prahlt und plappert fortwährend und macht es unmöglich zu hören, was die anderen zu sagen haben. Stolz lässt uns glauben, wir seien die Klugen, die Intelligenten, die Besseren. Stolz verschließt dich und macht es dir unmöglich, zu empfangen. Demut hingegen lässt dich zuhören und annehmen, was andere zu sagen haben. Mit Demut kannst du dich viel schneller entwickeln als jemand, der stolz ist.

Ich habe erst recht spät im Leben herausgefunden, wie leicht es ist, «Das weiß ich nicht» zu sagen.

William Somerset Maugham

Es ist nicht nötig, auf die eigenen Leistungen oder Fähigkeiten stolz zu sein. Das heißt nicht, dass sie unwichtig sind, doch sie definieren dich nicht mehr. Sie dienen dir vielmehr als nützliche Hilfsmittel, die es dir gestatten, dein Bestes zu geben. Angenommen du hast ein Händchen für Computer, vielleicht bist du sogar Experte, aber stolz solltest du dennoch nicht sein. Möglicherweise bist du außerdem ein miserabler Sänger, und wenn es ans Singen geht, kannst du nicht damit angeben, ein Computerexperte zu sein. Am besten ist es dann, darüber zu lachen. Was macht es schon, wenn wir etwas nicht können? Es ist gut zu wissen, dass wir in manchem Experten sind und in anderem eine Null, denn darin sind wir alle gleich. Und das sorgt dafür, dass unser Stolz bald schon keine Rolle mehr spielt.

Viele Menschen fühlen sich entmutigt, weil sie manches gar nicht können. Doch ich glaube, das liegt an unserem verletzten Stolz. Wir glauben uns wegen unserer Schwächen verteidigen zu müssen und fühlen uns schlecht. Gelingt es uns, die Vereinnahmung durch all die Dinge aufzugeben, dann spielt es keine Rolle mehr, ob wir große Experten sind oder nicht. Wir erkennen, dass es am besten ist, unsere Gaben so gut es geht zum Nutzen anderer einzusetzen, und dass wir uns nicht mehr länger über die Dinge grämen müssen, in denen wir weniger gut sind. Wir müssen uns weder das eine noch das andere zu Herzen nehmen – es darf mit dem Strom davonfließen.

Geduld

Gelebte Geduld ist die Eingangstür zur Erleuchtung. Geduld gibt uns Raum zum Denken und Atmen. Bei einer Auseinandersetzung schlägt Geduld eine Bresche, in der Kompromisse und Akzeptanz entstehen können. Die Dinge sehen einfach immer viel besser aus, wenn wir sie mit Geduld betrachten. Verweigerst du dir selbst die Gelegenheit, Luft zu holen und nachzudenken, so übernimmt dein Begehren das Feld, und nicht selten sind Wutausbrüche die Folge. Wer immerzu wütend oder verärgert ist, der hat es schwer im Leben.

> ***Übernimm die Gangart der Natur:***
> ***Ihr Geheimnis ist die Geduld.***
> *Ralph Waldo Emerson*

Dein Leben ist reich, wenn du über Geduld und Toleranz verfügst, doch sind sie nicht leicht zu erlangen. Deshalb wirkt das Leben manchmal wackelig wie ein antiker Tisch. Ich hatte einmal einen sehr alten englischen Esstisch. Er kippelte und knarrte bereits, wenn man ihm nur nahe kam. Man konnte kaum etwas auf ihm abstellen aus Angst, er könnte zusammenbrechen. Genauso ist das Leben, wenn Geduld und Toleranz fehlen. Sie erschaffen ein äußerst tragfähiges Fundament. Was immer im Leben geschieht – und das kann ja vieles sein –, wir lassen uns davon nicht aus der Ruhe bringen, denn wir wissen, dass wir damit fertig werden und niemals den Mut verlieren, auch wenn uns andere Schmerzen zufügen.

Geduld hilft uns in schweren Zeiten. Wenn wir Geduld aufbringen, dann werden wir uns niemals entmutigen lassen oder gar aufgeben. Wir tun und denken beharrlich weiter Gutes. Es gelingt uns, an andere zu denken, die sich in einer ähnlichen

Situation befinden wie wir, und wir senden ihnen unser Mitgefühl in der Hoffnung, dass sie nicht so leiden müssen wie wir.

Außerdem ist Geduld immer dann äußerst hilfreich, wenn wir glücklich sind, denn dann schlagen wir leicht über die Stränge. Entweder bist du von Stolz erfüllt oder aber nicht ganz zufrieden und auf der Suche nach mehr. Wenn du der Reichste in deinem Dorf bist, dann erfüllt dich Stolz, und du blickst auf deine Nachbarn herab. Wenn du stolz auf deine Schönheit bist, dann ist deine Qual groß, wenn du eine Hautunreinheit oder Falten in deinem Gesicht entdeckst. Vielleicht missgönnst du es anderen, dass es ihnen besser geht als dir. Es ist gut, wenn man glücklich, gesund und reich ist, doch Geduld gestattet es dir, deinen Stolz zu überwinden und zu erkennen, wie vergänglich alles ist. Du empfindest Dankbarkeit für dein gutes Karma, statt auf andere herabzublicken.

> ***Die größte Geduld ist Demut. Die fruchtbarste Meditation ermöglicht ein Geist, der loslassen kann. Die größte Weisheit liegt im Durchschauen des äußeren Scheins.***
> *Atisha*

Zu Beginn ist es nicht leicht, sich in Geduld zu üben, aber es gibt viele Möglichkeiten, um den Anfang zu erleichtern. Geduld und Toleranz setzen Kontemplation und Verstehen voraus. Es ist nicht leicht, angesichts von Dingen tolerant zu sein, die gegen unsere persönlichen Moralvorstellungen verstoßen. Wenn sich Personen aus unserer Sicht falsch verhalten, dann ist das unerträglich, weil es nicht in unser Weltbild passt. Wir alle wünschen uns, dass sich jeder und alles unseren Vorstellungen unterordnet, und verlangen andererseits, dass man uns selbst schalten und walten lässt. In dieser Hinsicht sind wir

Menschen sehr dickköpfig. Wir lassen uns nur schwer beeinflussen. Dabei spielt es keine Rolle, ob es durch Lehren wie im vorliegenden Buch geschehen könnte oder durch Erfahrungen, die wir selbst im Alltag machen. Doch vergiss nicht, wir alle sitzen im selben Boot. Können wir unsere Arroganz und unseren Egoismus wirklich stichhaltig begründen? Schließlich weiß niemand, was im nächsten Augenblick geschieht – alles ist möglich.

Wirst du von einem anderen Menschen schlecht behandelt oder gequält, dann ist es gewiss nicht meine Absicht, dich zum Aufgeben zu bewegen oder zum Nichtstun. Meine Botschaft lautet, indem du mit dir selbst geduldig bist, entwickelst du dich weiter, ohne dass du aufgibst oder den Mut verlierst. Du lässt dich nicht mehr so leicht von äußeren Umständen überwältigen oder kontrollieren. Du fragst nicht mehr «Warum ich?» oder «Was steht mir noch alles bevor?», sondern du fragst dich, was du tun könntest, um dich weiterzuentwickeln. Leicht ist das nicht, doch wenn du anfängst, dich in Mitgefühl zu üben, dann werden dir die Augen geöffnet.

Um ein Beispiel zu nennen: Wenn jemand besonders garstig mit dir umspringt, dann muss es dafür einen Grund geben. Du musst dich darum bemühen, mehr über diese Person zu erfahren und sie zu verstehen, damit du durchschaust, warum er oder sie so wütend wird. Möglicherweise handelt es sich um einen sehr schwachen Menschen, oder aber er versteht dich nicht, oder du hast etwas getan und ihn damit aus der Fassung gebracht. Sobald du die Ursache kennst, kannst du deine aufwallenden Gefühle entschärfen. Selbst wenn der andere sich ganz und gar danebenbenimmt und du nichts anderes tun kannst, als wegzugehen – selbst dann musst du dich nicht von der Situation vereinnahmen lassen oder sie zu deinem Problem machen.

Du musst mit dir selbst aufrichtig sein. Wenn andere über dich herziehen und gemeinen, dummen Klatsch verbreiten, dann musst du dir nicht leidtun: Lass dich nicht vereinnahmen und setze deinen Weg fort. Falls einige Dinge zutreffen, dann denke darüber nach, korrigiere dich, leite Verbesserungen ein und verabschiede dich dann von allen Gefühlen des Bedauerns. Lernen, Dinge loszulassen, gehört mit zu den besten Übungen, um Geduld und schließlich Mitgefühl und Weisheit zu entwickeln.

Auf dem Grund der Geduld findet sich der Himmel.
Tibetisches Sprichwort

Kontemplation fördert Geduld

Sobald du dir mehr Zeit genehmigst, um über deinen Alltag nachzusinnen, wirst du wissen wollen, wie du mit Situationen und Vorgaben umgehst. Du hast die Möglichkeit, aus deinen Erfahrungen zu lernen und dir darüber Gedanken zu machen, wie du in Zukunft in einer ähnlichen Situation reagieren willst. Indem du die Dinge in deinem Kopf durchdenkst, kannst du Klarheit schaffen und das Tempo so weit drosseln, dass du genügend Raum gewinnst, um deine Geduld zu steigern.

Wirkungsvoll ist es außerdem, wenn es dir gelingt, diese Gedanken in dein Herz zu pflanzen und herauszufinden, was du tatsächlich empfindest. Nehmen wir an, heute hat dich jemand sehr verärgert und du wusstest dir nicht anders zu helfen als wütend zu werden. Zum Zeitpunkt des Geschehens warst du überzeugt davon, dass diese Person erfahren muss, wie sehr dich ihr Verhalten, ihre Worte oder ihre egoistische Einstellung aufgebracht hat. Aber vielleicht fühlt sich dein Wutausbruch im Rückblick nicht mehr so gut an, und du denkst nun darüber nach, wie du in Zukunft einer ähnlichen Situation begegnen könntest. Passiv zu sein, kommt für dich nicht in Frage. Doch beim nächsten Mal willst du deinen Standpunkt auf ruhige und dennoch kraftvolle Weise vertreten.

Während du deine Geduld entwickelst, kann es sein, dass du von Außenstehenden als äußerst verständnisvoller Mensch eingeschätzt wirst. Dir gelingt es mittlerweile, Situationen mühelos, ruhig und behutsam anzunehmen, ohne großen Wirbel wegen kleiner Dinge zu veranstalten und ohne deine Stimme unnötig zu erheben – mit anderen Worten, ohne zu Gefühlsausbrüchen zu neigen, die ja lediglich auf einen Mangel an Übung verweisen. Durch Kontemplation und Meditation ist es möglich, dem eigenen Gemüt Zügel anzulegen, damit es so zahm wie ein Hündchen wird. Durch diese Art der Meditation entsteht ein Vertrauen und ein intimes Verstehen der eigenen Erfahrungen und Gefühle und der anderer Menschen. Heute mag dir diese Anforderung hoch erscheinen, doch mit der Zeit, wenn du immer weiter übst, wirst du eine Veränderung zum Besseren wahrnehmen. Nach zwei Wochen eine kleine Veränderung, nach einem Monat oder zweien wird dir die Geduld schon leichter gelingen und nach einem Jahr hast du ganz sicher bereits das Zeug, um ein Mediator ersten Ranges zu sein.

Ein großer Meister im alten Tibet hatte zahlreiche Schüler. Eines Tages trat ein weiterer an ihn heran und bat um Aufnahme. Der Meister sagte: «Ja, selbstverständlich, doch sag mir, verfügst du über irgendeine Begabung?» Der Schüler antwortete: «Nein, habe ich nicht.» Der Meister stellte ihm zahlreiche Fragen, doch jedes Mal erhielt er als Antwort, nein, er könne nichts, er wolle lediglich sein Schüler sein. Schließlich hatte er doch das Gefühl, etwas sagen zu müssen, und erklärte dem Meister: «Von mir heißt es, dass ich ein

Mensch ohne Zorn bin. Mehr kann ich nicht.» «Oh», entgegnete der Meister, «das ist die größte Befähigung, die du haben kannst. Bitte schließe dich uns an, um meine Lehren anzuhören.»

Bei der nächsten Zusammenkunft verkündete der Meister: «Bis heute hatten wir hier eine gute Zeit ohne größere Probleme, doch von heute an müssen wir vorsichtig sein. Es ist ein Dieb unter uns. Zwar hat keiner von uns vieles, das man uns stehlen könnte, doch besitzen wir immerhin ein paar Nahrungsmittel und einige wenige Kleidungsstücke. Wir wollen nicht, dass sie uns gestohlen werden, und weil einer von uns ein Dieb ist, müssen wir jetzt gut aufpassen. Da drüben sitzt er.» Der Meister wies auf den Mann, der von sich behauptet hatte, er sei frei von Zorn. Der Mann war zutiefst verlegen und fühlte sich schrecklich. Er fing an zu schwitzen, vermochte jedoch vor dem großen Meister nichts zu sagen.

So ging es mehrere Monate lang. Der Meister fragte vor Tausenden Schülern: «Ist euch irgendetwas abhandengekommen? Nein? Das ist gut, denn er ist ein so schrecklicher Dieb. Ich mache mir Tag und Nacht Sorgen um euch.»

Nach sehr, sehr langer Zeit wurde der Schüler schließlich wütend. Er hatte sich nicht mehr unter Kontrolle. «Wer behauptet, dass ich ein Dieb bin?», schrie er vor allen anderen.

Der Meister sah ihn an. «Hast du nicht behauptet, dass du niemals wütend wirst? Ich dachte, du seiest ein Mensch ohne Wut, doch tatsächlich wirst auch du wütend, nicht wahr?» Auf diese Weise konnte der Schüler erkennen, dass er Wut in sich trug. Das war für ihn ein großes Erwachen, eine Lektion, die ihm sein Meister auf seinem Weg, ein großer Schüler zu werden, in Liebe bereitet hatte.

Übung fördert Geduld

Es ist schwierig, sich in Geduld zu üben, wenn es nichts gibt, was Geduld erfordert, und wenn du dich ruhig und eins mit der Welt fühlst. Selbst wenn du meine Worte liest, mit denen ich dir erkläre, wie wichtig Geduld ist, kann ich dich nicht halb so weit voranbringen, wie es deine eigenen Erfahrungen in der wirklichen Welt vermögen. Wenn jemand an dich herantritt und deinen Zorn provoziert oder dir etwas Gemeines antut, dann ist diese Person dein wahrer Lehrer. Selbstverständlich ist uns das in einem solchen Augenblick nicht klar, und wir empfinden ihn als Feind, doch tatsächlich gibt er dir eine echte Chance, dich in Geduld zu üben. Also nutze deine Chance.

Setze deinen Weg fort

Es ist deine Aufgabe, deine Aufgabe zu erkennen und dich ihr dann mit ganzem Herzen zu verschreiben.

Buddha

Ein herausragender Geiger erfreut seine Zuhörer über die Maßen. Doch um das zu leisten, muss er wieder und wieder üben. Wenn er mit Freude im Herzen üben kann, dann hat er seine wahre Bestimmung gefunden, seinen ganz persönlichen Weg. Belastet er jedoch sein Herz mit Erwartungen, dann kann er seine Musik nicht bedingungslos verschenken. Das Leben ist schwer zu meistern, wenn das Herz nicht mit von der Partie ist. Doch sobald du herausgefunden hast, was du tun willst - ob du nun lernen willst, noch geduldiger zu sein, oder neue Fertigkeiten erwerben möchtest, damit du anderen auf irgendeine Weise helfen kannst - sobald du das weißt, heißt dein nächster Schritt: Üben. Du musst deinen Weg fortsetzen.

Hast du deinen inspirierten Geist erst einmal entwickelt, bist du offen, um deine Bestimmung zu finden. Und wenn du dir selbst das Versprechen geben kannst, deinem Weg zu folgen, dann hast du eine wunderbare Basis geschaffen, auf der du üben kannst. Bist du mit einem Ziel unterwegs, das dich bewegt, das dir große Freude bereitet, so wirst du gerne fleißig üben, weil du dich dann intensiv spürst und tief in den Strom deines Lebens eintauchst. Unter solchen Voraussetzungen sind wirkliche Befriedigung und Zufriedenheit möglich. In dir macht sich ein starkes Gefühl der Erleichterung breit, weil du genau das tust, was du tun sollst.

Die meisten von uns haben deshalb Schwierigkeiten damit, die Segnungen durch Gesundheit oder Wohlstand ohne die Anerkennung anderer anzunehmen, weil uns das Selbstvertrauen fehlt, das mit der Hingabe und der vollständigen Versenkung in eine Sache einhergeht. Wir übersehen, wie wichtig es ist, dass wir uns um unsere Basis und unsere Wurzeln kümmern und uns nicht nur von den Blüten, den Früchten und allgemein dem Teil der Pflanze ablenken lassen, der sich über der Erde befindet. Wenn wir uns nicht um die Wurzeln kümmern, dann fällt unsere Ernte mit der Zeit immer kleiner und kleiner aus.

Disziplin und Fleiß

In unserer modernen Welt sind sich viele Menschen nicht mehr so sicher, ob Disziplin und Fleiß wirklich etwas Gutes sind. Beides sorgt dafür, dass wir glauben, uns auf eine bestimmte Weise verhalten und einer Kontrollinstanz gehorchen zu müssen, und wir fühlen uns eher eingeengt als frei und selbstbestimmt. Da es so unendlich schwer ist, ganz allein und ohne Hilfe diszipliniert zu sein, sahen sich Buddha und auch Jesus Christus gezwungen, etwas zu machen. Sie gaben uns Gesetze, die uns wissen lassen, was wir dürfen und was nicht. Sie sind hilfreich, fühlen sich aber manchmal auch wie eine Last an. Du möchtest etwas Alkoholisches trinken, darfst es jedoch nicht, weil deine Lehre es verbietet. Was immer du gerne essen würdest, alles scheint nicht erlaubt zu sein. Deshalb ist es so befreiend, den Geist zu entwickeln, weil du dann spontan weißt, was Disziplin bedeutet, und nicht erst darüber aufgeklärt werden musst. Dann lebst du mit Liebe und Mitgefühl direkt aus deinem Herzen heraus, und das macht unendlich mehr Spaß.

Man kann Fleiß für sich annehmen, indem man ihn aus

einer etwas anderen Perspektive betrachtet, die uns daran erinnert, dass die wirklich guten Musiker fleißig üben, damit sie uns solchen Hörgenuss und solche Entspannung bieten können. Wenn wir uns Disziplin zu eigen machen, haben wir die Möglichkeit, unseren Geist zu trainieren, und können unsere wandernden Gedanken beruhigen, während wir von der Geschäftigkeit des modernen Lebens umgeben sind. Tatsächlich ist Fleiß eine Form von Hingabe, wie Hingabe eine Form von Verstehen ist. Mit Fleiß und Disziplin erhalten wir unsere guten Vorsätze aufrecht und reden uns nicht damit hinaus, dass wir morgen anfangen, sobald wir die Inspiration und damit das Glück gefunden haben, uns unserer harten Arbeit zu erfreuen. Ich bin der Auffassung, dass Intelligenz ohne Fleiß nichts wert ist.

Der große indische Meister Asanga praktizierte auf dem Maitreya. Das ist eine lange Geschichte. Kurz gesagt, nachdem er drei Jahre lang praktiziert hatte, war er immer noch keinen Schritt weitergekommen. Als er aus seiner spirituellen Einkehr zurückkam, sah er einen Mann, der einen großen Eisenstab mit einem Stück Baumwollstoff abrieb. Als Asanga sah, wie hart der Mann arbeitete, fragte er ihn, was er da tat. «Ich möchte eine Nadel aus diesem Eisenstab machen, um damit meine Kleider zu flicken.» Asanga erkannte, dass all sein Üben in den zurückliegenden Jahren oben auf dem Berg nichts war im Vergleich mit der Arbeit dieses Mannes, nur um in den Besitz einer Nadel zu gelangen!
Also kehrte Asanga für drei weitere Jahre zurück in die innere Einkehr, neuerlich ohne etwas zu erreichen. Er war sehr entmutigt und wollte fast aufgeben, weil er glaubte, nie zu irgendeiner Erkenntnis zu finden. Als er vor seine Höhle trat, sah er einen Mann, der wieder und wieder mit einer Feder über den Fels des Berges strich. Er fragte ihn, warum er das tat. «Mein Haus steht da unten, und wegen dieses

Berges bekomme ich sehr wenig Sonnenlicht», erwiderte der Mann. «Ich versuche den Berg abzutragen, damit ich etwas mehr Licht bekomme.» Asanga dachte, wenn dieser Mann diese Mühe nur für ein wenig zusätzliches Sonnenlicht auf sich nahm, dann könnte er auch in seine innere Einkehr zurückkehren und noch ein wenig länger üben.

Auf diese Weise zogen viele Jahre ins Land. Alle drei Jahre sah Asanga etwas, das ihm bestätigte, wie wichtig Fleiß ist. Nach zwölf Jahren verließ er den Berg. Auf dem Weg sah er einen Hund, der entsetzlich litt. Der hintere Teil seines Körpers war verfault, voller Insekten und Keime, der vordere Teil war in Ordnung. Der Anblick des Hundes löste großes Mitgefühl in ihm aus, und er fühlte, dass er etwas für ihn tun und ihn wenigstens von den Insekten und Keimen befreien sollte. Doch mochte er die Insekten nicht mit seinen Händen berühren, weil er fürchtete, sie auf diese Weise ungewollt zu töten. Also schloss er seine Augen und säuberte den Hund mit seiner Zunge, die weicher war als seine Hände und den Insekten daher nicht schaden würde. Während er dem Tier half, verschwand der Hund, und mit einem Mal saß Maitreya vor ihm auf dem Fels. Asanga fing an zu weinen: «Wo warst du all die Jahre? Ich habe zwölf Jahre lang praktiziert, und nie bist du mir erschienen.»

Maitreya antwortete: «Ich war viele Male bei dir, aber du warst nicht fleißig genug. Jedes Mal, als du deine Höhle verlassen hast, war ich zur Stelle, um dir zu helfen. Nun bin ich erschienen, um dein Mitgefühl zum Erblühen zu bringen, bevor du deinen Fleiß unter Beweis stellst.»

Darauf flog Asanga mit Maitreya in sein Land der Reinheit, um dort zahlreiche Lehren zu empfangen. Als er später zur Erde zurückkehrte, schrieb er viele Bücher darüber, was Maitreya ihm beigebracht hatte. Auch heute noch beschäftigen wir uns mit diesen Werken.

Wenn du dein Versprechen brichst oder aufgibst, dann mache dir keine Vorwürfe, sondern erneuere dein Versprechen so rasch wie möglich, ohne auch nur eine Nacht verstreichen zu lassen. Sei nicht entmutigt und glaube nicht, dass du nicht gut genug bist, um weiterzumachen. Es geschieht leicht, dass man beim Üben zu bescheiden ist, aber es steht dir frei, deine Disziplin freudig und rasch wiederherzustellen. Sonst nehmen negative Haltungen leicht zu und verselbständigen sich. Wozu auch immer wir uns entscheiden, wir müssen dieses Versprechen um unserer selbst willen halten. Wie eine Pflanze muss es gegossen und gedüngt und gepflegt werden, damit es gut wachsen kann. Es ist wichtig, dass du dich bereitwillig und zufrieden um deine Versprechen und deine Bestimmung kümmerst, ohne dich dazu zu zwingen. Wenn du Druck auf dich ausübst, dann hilft es dir vielleicht, dich noch einmal deiner Inspiration zuzuwenden und deine Motivation neu zu entdecken. Wenn wir meinen, etwas tun zu müssen, dann wird es zur Last, die uns bedrückt und bremst. In diesem Zustand können wir kaum jemandem von Nutzen sein. Gut möglich, dass wir so durchs Leben kommen und unseren Verpflichtungen genügen, aber schön ist das nicht. Indem du dein Herz und deinen Geist öffnest, wirst du entdecken, dass es noch einen anderen Weg gibt.

Der kühlende Balsam der Disziplin

Disziplin kann sehr tröstlich sein. Wenn du bei irgendeiner Gelegenheit das Gefühl hast, die Kontrolle verloren zu haben, und dir die Hitze der Situation zu Kopfe steigt, dann wirkt Disziplin wie ein kühlender Balsam. Sie ist wie ein Ventilator, der die erhitzten Emotionen lindert, und sie hilft, dich zu entspannen. Diese Disziplin ist am besten, da sie aus deinem Wesenskern kommt. Sie zu entwickeln, braucht seine Zeit. Deshalb verfügt der Buddhismus – und mit ihm zahlreiche andere Religionen und Traditionen – über viele Lehren und Praktiken, die so eine Selbstbeherrschung fördern. Wer sich auf dem besonderen Weg befindet, dem hilft Üben, um mit den belastenden Gefühlen wie Wut, Missgunst und Begehren fertig zu werden. Dein Weg ist deine Zuflucht: Gehst du ihn, dann fühlst du dich wohl, entspannt und ruhig. Der Weg führt dich zu einem Geisteszustand, der Missverständnisse auflöst. Ganz gleich, ob wir sehr schönen oder entsetzlichen Dingen begegnen – wir lassen uns nicht von ihnen vereinnahmen.

Herr einer Sache zu sein, kann sich äußerst befreiend anfühlen, vorausgesetzt, diese Kontrolle hat ihren Ursprung in der Liebe und im Mitgefühl, sowohl für dich selbst wie auch für andere. Ist man mit sich selbst unzufrieden oder kritisiert an anderen herum, dann verwandelt sich die Beherrschung in ein Gefühl von Macht und wirkt gegenteilig. Sie erzeugt unsichtbare Fesseln, die dich zwingen, Dinge auf eine ganz bestimmte Weise zu tun. Damit bist du zum Sklaven deiner aufwallenden Gefühle geworden und nimmst dich und die Welt aus einer sehr engstirnigen Perspektive wahr. Die innere Kontrolle der Disziplin jedoch gestattet es dir zuzuhören, wenn andere etwas zu sagen haben, und alle Menschen wertzuschätzen, statt voreilige Schlüsse zu ziehen. Außerdem kannst du dich darin üben, dein Wesen zum Ausdruck zu bringen und nicht den Mustern, mit denen du aufgewachsen bist, gerecht zu werden oder vor ihnen davonzulaufen. Die Disziplin sorgt für tiefste Entspannung und befreit deinen Geist, damit er sich mit den wirklich wichtigen Dingen im Leben befassen kann.

Während du diese entspannte innere Selbstbeherrschung entwickelst, wirst du dich sehr friedlich und glücklich fühlen – nicht stolz, sondern dankbar. Außerdem bringt sie Ernsthaftigkeit mit sich. Jede Praktik, die du ernsthaft und aufrichtig betreibst, wird in dir große Freude auslösen und dir das Gefühl geben, dass du großes Glück hast. Du wirst gar nicht das Bedürfnis haben, dich vor irgendjemandem mit deinen Übungen zu brüsten. Im Stillen wirst du einfach nur dankbar sein.

Selbst eine kleine Gemeinschaft wie im Druk Amitabha Mountain Kloster lebt von der Vielfalt seiner Menschen und ihren individuellen Fähigkeiten. Ich finde es jedoch am wichtigsten, Menschen mit Herz und nicht nur mit Fertigkeiten in einem Gemeinwesen zu haben. Was nützen Expertise und Begabung, wenn sie nicht von Herzen kommen und das Ziel haben, anderen Menschen zu helfen? Was nützen sie ohne ein Verantwortungsgefühl, das dafür sorgt, dass Arbeiten zu einem vernünftigen Abschluss gebracht werden? Begabung ohne Herz ist wenig fruchtbar. Ich bin wirklich der Meinung, dass wir unsere Aufgaben mit Inspiration und Aufrichtigkeit und von Herzen erledigen müssen, um sie zu einem guten Abschluss zu bringen. Ist das nicht der beste Weg, unsere Kenntnisse und unsere Begabungen einzusetzen?

Sobald ich Geduld habe, muss ich Begeisterung entwickeln;
Denn das Erwachen wohnt nur in jenen, die sich anstrengen.
Wie es ohne Wind keine Bewegung gibt,
So gibt es kein Verdienst ohne Begeisterung.
Was bedeutet Begeisterung?
Sie bedeutet Freude finden in dem, was gesund ist.
Ihre Gegenspieler sind Faulheit,
der Reiz alles Schlechten
und Selbstverachtung aus Mutlosigkeit.
Aufgrund der Vereinnahmung durch den süßen Müßiggang,
aufgrund des Verlangens nach Schlaf
und aufgrund der Desillusion durch die Qualen des Samsara
kann Faulheit ein hohes Maß erreichen.

Wie ich rasch hochspringe, wenn sich eine Schlange nähert,
So wehre ich rasch Schlaf und Faulheit ab, wenn sie mich befallen wollen.

Shantideva, Bodhisattvacharyavatara

3

HINDERNISSE AUF DEM WEG ÜBERWINDEN

Ein Held ist, wer den grauen Alltag meistert.

Fjodor Dostojewski

Der beste Lehrer ist tatsächlich das Leben selbst. Manchmal kommt es uns so vor, als wolle uns das Leben so viele Hindernisse wie nur möglich in den Weg stellen. Doch oft kommt es nur darauf an, aus welcher Perspektive wir das Leben betrachten – suchen wir nach Problemen oder nach Lösungen?

Gelingt es dir, einige der Gedanken, die du beim Lesen dieses Buches aufnimmst, in deinen Alltag einzubringen, dann ist das für deine Mitmenschen und für dich ein großer Gewinn. Hast du das Gefühl, dass dein Leben stresserfüllt ist? Oder gerätst du leicht in Wut? Fällt es dir schwer, Vertrauen in deine Beziehungen zu haben – gleichgültig ob als Partner oder Elternteil? Oder spürst du, dass Angst dich davon abhält, deinen Weg zu gehen? Im letzten Teil dieses Buches findest du Abschnitte, die dir, wie ich hoffe, helfen können, deine Blockaden aufzulösen und die Dinge aus einer neuen Blickrichtung zu sehen. Mache nicht andere dafür verantwortlich, wenn du mit Hindernissen kämpfst, mache dir lediglich bewusst, was dir widerfährt.

Alltag *ist* Leben. Damit du dich mit der Welt und dir selbst wohler fühlst und deinen Seelenfrieden findest, musst du dich nicht in eine Höhle zurückziehen. Du findest beides in jedem Augenblick deines Lebens. Wie kann es dir gelingen, das Heute zu einer besseren Basis für das Morgen zu machen?

Wie man mit Stress umgeht

Alles Leid auf dieser Welt hat seinen Ursprung
im Denken an sich selbst.
Alles Glück auf dieser Welt hat seinen Ursprung
im Denken an andere.

Shantideva

Stress ist in unserem Leben ein weitverbreitetes Problem, deshalb ist er ein wichtiges Thema. Er ist einer der größten Ursachen für Zerstreutheit. Also müssen wir unser Verhältnis zum Stress verstehen, seine Ursachen erkennen und auch, warum wir uns alle so leicht von unnützer Geschäftigkeit und von Missverständnissen vereinnahmen lassen.

Meine Freunde berichten mir, wie gestresst sie sind von der Wirtschaft, der Arbeit, der Familie und so weiter. Aus Neugier schlug ich im Lexikon nach, um festzustellen, welche Definition mir die moderne Wissenschaft für den Begriff anbietet: «Stress ist die Folge der Unfähigkeit, sich an Veränderungen anzupassen.» Ich glaube, bis zu einem gewissen Grad ist diese Erklärung zutreffend.

Stress ist das Ergebnis von Unbeweglichkeit und fehlender Akzeptanz. Verursacht wird er von einer starken Vereinnahmung durch bestimmte Dinge, Abläufe oder Ergebnisse sowie durch Erwartungen. Ist die Hoffnung groß, dann ist es mit ihr auch die Angst, dass sich Erwartungen nicht erfüllen und dass sich Ereignisse nicht gemäß deinen Plänen oder Wünschen entwickeln könnten. An dieser Stelle setzt Stress ein.

Wer mich heutzutage aufsucht, der klagt häufig, dass er sich ausgebrannt fühlt und nachts nicht gut schlafen kann. Bei Stress verhält sich unser Geist wie ein wild gewordener Elefant, umgetrieben von Gedanken, Vorstellungen und Terminen. Selbst wenn wir körperlich gar nicht so aktiv sind, grübeln wir ohne Unterlass und versetzen uns selbst grundlos in Stress. In unseren Träumen bekommen wir das dann zu spüren. Oft genug berauben wir uns unserer Möglichkeiten, weil wir uns der Unruhe überlassen. Bis zu einem gewissen Grad scheint mir Unruhe der Gegenpol von Vertrauen zu sein. Deshalb fühlen wir uns unwohl und gestresst, wenn wir erkennen, dass unser Leben uns im wahrsten Sinn des Wortes auffrisst und wir nicht wissen, wie wir anhalten oder bremsen können.

Mir das vorzustellen, macht mich traurig. Einer meiner Freunde brach fast in Tränen aus, denn trotz seines Erfolgs als Geschäftsmann geriet er unter Druck bei dem Versuch, den Erfolg aufrechtzuerhalten. Obgleich er bereits viel Geld verdient hat, muss er nun den ganzen Tag arbeiten, um seinen Reichtum zu bewahren. Ich vermute, dass er sich zu Beginn seiner Geschäftstätigkeit etwas gedacht hat wie: «Nun, wenn es mir gelingt, eine Million zu machen, dann werde ich glücklich und zufrieden sein.» Nun, da ihm das gelungen ist, rechtfertigt er den Stress damit, dass er sein nächstes, noch höheres Ziel erreichen muss. Also kann er seinen Seelenfrieden nicht finden und seine Gedanken nicht abschalten. Außerdem hat er keinen stressfreien Augenblick, um sich zu entspannen. So kommt er zu mir, mit Tränen in den Augen und am Boden zerstört, weil er nicht weiß, wie er sich von all dem Druck befreien kann.

Genauso ergeht es manchen Menschen in einer Beziehung. Eine alte Freundin erzählte mir, dass sie sich wie im siebten Himmel fühlte, als sie vor ein paar Jahren heiratete. Doch nun will sich das Paar trennen, weil die beiden einander nicht länger ertragen können. Meine beiden Freunde haben gemeinsam, dass sie außerhalb von sich nach Erfüllung und Glück gesucht haben – auf dem Umweg über Geld und eine gute Partnerschaft. Deshalb werde ich nicht müde, immer wieder über Ergebung und den Abbau von Erwartungen zu sprechen. Besser ist es, mit dem zufrieden zu sein, was jetzt und hier ist. Wenn du außerhalb deiner selbst nach einer Lösung suchst, dann wirst du dich niemals vom Stress befreien können. Doch wenn du dich erdest und dich selbst verstehst und als den Menschen akzeptierst, der du bist, dann wird es dir gelingen, in der Gegenwart zu leben und Stress am Wegesrand liegen zu lassen.

> ***Während andere sich der unersättlichen Befriedigung ihres Ehrgeizes und kurzer Macht verschreiben, werde ich mich im Schatten ausstrecken und singen.*** *Fray Luis de Leon*

Was fange ich mit meinem Leben an?

Falls du die von mir beschriebenen Gefühle bei dir wiedererkennst oder einem anderen helfen kannst, sie bei sich zu erkennen, dann bietet sich dir nun die Chance, dir Zeit zu nehmen, um die Prozesse zu verlangsamen und über dein Leben nachzusinnen. Wir alle, auch ich, sollten uns immer die Zeit nehmen, Schildkröten zu sein. Nimm den Fuß vom Gaspedal, und geh das Leben langsamer an. Gib dir Zeit. Dann wirst du freie Sicht haben und die Details des Lebens mit Dankbarkeit wahrnehmen. Selbst wenn uns viele Schwierigkeiten bevorstehen, macht uns das nichts aus, weil wir mit unserem Verständnis auch diesen Hindernissen Wertschätzung entgegenbringen können. Hast du nicht auch die Erfahrung gemacht, dass wir, immer wenn wir runterfahren, die Dinge mit größerer Klarheit erkennen?

Als Freunde ihre täglichen Übungen einstellten und ich sie nach den Gründen fragte, da antworteten sie, sie hätten keine Zeit mehr. Einige von ihnen sagten mir sogar, ich könne das nicht verstehen, denn ich sei ja kein Geschäftsmann und wisse daher nicht, was Stress sei. Innerlich muss ich lachen, wenn ich solche Aussagen höre. Wenn sie wüssten, für wie viele Menschen ich verantwortlich bin, wie viele Kinder ich ernähre und wie viele Klöster von meiner Zuwendung abhängig sind, dann wäre ihnen klar, wie gut ich sie verstehe. Ich erinnere mich gut daran, wie viele Sorgen ich mir machte, als ich mich mit dem Gedanken trug, zwei Nonnenschulen zu eröffnen, eine in Ladakh und eine in Nepal. Den ganzen Tag saß ich da, sorgte mich und rechnete. Am Abend erkannte ich, dass ich den ganzen Tag nichts anderes getan hatte, als fruchtlos zu brüten. Ich hatte nichts erreicht, und der Tag war verschwendet.

Stress ist Zeitverschwendung. Er zerstört unsere Kreativität und nimmt uns unser Potenzial. Ich ermutigte meine Freunde, wieder regelmäßig zu meditieren, statt die Zeit mit Grübeln zu verschwenden. Wer gestresst ist, der hat zugleich auch oft das Gefühl, festzustecken und Entscheidungsnöte zu haben. Deshalb ist ein wenig Meditation und Entspannung von großem Wert. In dieser Zeit erinnerst du dich selbst daran, was Vergänglichkeit und die Kostbarkeit des Lebens bedeutet. Selbst wenn sich äußere Situationen ungünstig entwickeln, brauchst du keine Angst zu haben und kannst den Mut aufbringen, mit Zufriedenheit und Flexibilität ein fruchtbares Leben zu führen. Du kannst aufrichtig glücklich sein, weil dieses Glück aus deinem Inneren erwächst und nicht davon abhängt, dass sich die Umstände um dich herum auf eine bestimmte Weise entwickeln.

Ich hoffe immer, dass meine Freunde und Schüler wieder zu ihrem Weg zurückfinden und üben. Ihr Üben und Meditieren ist das Rückgrat ihres Lebens und ihres Glücks. Hat man diese Einsicht noch nicht gewonnen, dann kann man sich vom Auf und Ab des Lebens leicht überfordert fühlen. Doch die in der spirituellen Praxis erlangte Erdung lässt uns das Vertrauen aufbringen, das wir brauchen, um weiterzugehen, statt uns in lähmenden Gefühlen zu verheddern.

Stress wird verursacht durch Anpassung

Wenn wir unser Leben damit zubringen, nach einem konservativen Rhythmus zu tanzen, und uns dabei an bestimmte Sitten, Traditionen und kulturellen Vorgaben oder an unsere unerreichbar hohen Ziele halten, dann fühlen wir uns gestresst, weil wir uns unablässig anpassen müssen. Verzichten wir darauf, fürchten wir, uns in Schwierigkeiten zu bringen und mit dem Etikett eines Störenfrieds versehen zu werden. So erwarten uns jede Menge Kopfschmerzen!

Selbstverständlich benötigt jeder Mensch irgendeine Form von Struktur. Selbst die buddhistischen Lehren bieten eine äußere Struktur und Form an, um uns unseren Weg leichter zu machen und uns eine Orientierungshilfe zu gewähren. Doch wir ermutigen dich auch, deine *inneren* Strukturen freizulegen und abzubauen, damit du Stress und Missverständnisse verringern kannst. Wenn wir ständig versuchen, nach einem bestimmten Muster zu leben und zu handeln, werden wir nur immer nervöser. Vielleicht gelingt es dir, das gut zu verbergen und nach außen zufrieden zu wirken, doch im Inneren fühlst du dich verkrampft oder gefangen. Die Ursache ist die rigide Struktur, die du in dir aufrechterhältst. Wir selbst stecken uns eigenhändig in eine Schublade und leiden dann unter dem Stress, weil wir immerzu versuchen müssen, unsere eigenen Standards und Regeln zu befolgen. Wir meinen, dass wir selbst und auch andere auf eine ganz bestimmte Weise geartet sein müssen, und wenn wir oder sie es nicht sind, dann regen wir uns auf. Gefördert von unseren Hoffnungen und Ängsten, klammern wir uns an unsere Vorstellung von Vollkommenheit, aber wie kann irgendetwas auf der Welt vollkommen sein? Das ist eine durch und durch subjektive Vorstellung. Nichts ist vollkommen, nichts ist falsch. Wir können nur unser Bestes versuchen.

Gib es auf, zu gewinnen und zu verlieren
Und finde das Glück.
Buddha

Was ist «das Beste»?

Ich mache nicht gerne negative Aussagen über unsere moderne Welt. Jedoch erkenne ich, dass ein Großteil der Belastung durch Stress auf die Erziehung zurückzuführen ist, die zu großen Wert auf Konkurrenzkampf legt. Du musst dich mit anderen im Wettkampf messen, um überhaupt zu wissen, dass es dich gibt, und du musst *der Beste sein*. Da niemand für lange Zeit oder überhaupt der Beste sein kann, verursacht diese Forderung große Probleme. Menschen bemühen sich ständig, das Unmögliche zu erreichen. In der Folge bekommen sie es mit Stress und Ängsten zu tun.

Angenommen, du bist ein Geschäftsmann. Vielleicht verdienst du eine Million oder sogar eine Milliarde, aber es wird immer Menschen geben, die reicher sind als du. In den Augen dieser Leute bist du ein Niemand! Du fragst dich, was du eigentlich erreicht hast, und vergleichst dich mit denen, die dich in den Schatten stellen. Selbstverständlich regst du dich dann auf und bekommst das Gefühl, dass dir etwas fehlt. Du versuchst, noch mehr zu arbeiten, egal ob du das kannst oder nicht. Du stehst im Wettbewerb und musst dem Regenbogen hinterherlaufen; er ist so wunderschön, dass du ihn einfach erringen musst, aber natürlich gelingt dir das nie.

> ***Welchen Wert hat dieses Leben, wenn wir, erfüllt von Sorge, keine Zeit haben, es zu betrachten ...***
> *William Henry Davies*

Möglicherweise machst du dir Sorgen, dass du nicht mehr so gut für deine Familie sorgen kannst, wenn du auf die Bremse trittst und auf dein Herz hörst. Das ist eine äußerst verständliche Sorge, die viele Menschen teilen. Doch denke einmal darüber nach, was für ein Mensch du in dem Moment bist, wenn du dich in deinem Leben gerade besonders gestresst fühlst. Bist du freundlich, großzügig, geduldig und liebevoll oder überwiegend aufbrausend, frustriert und körperlich wie geistig abwesend? Lenkst du dich mit deiner Geschäftstätigkeit ab oder versuchst du Besitz zu erlangen und zu behalten, statt deinem Leben und den Menschen, die dir am nächsten stehen, deine volle Aufmerksamkeit zu schenken? Sicher, du musst arbeiten und deinen Lebensunterhalt verdienen. Das bedeutet aber nicht, dass du dich für diese Existenz versklaven musst und dein Leben nur außerhalb der Geschäftszeiten stattfinden darf. Mehr Schlichtheit und weniger Erwartungen werden dir ein Gefühl von Freiheit schenken, das deine Zeit in einem viel entspannteren Tempo verstreichen lässt. Überspanne den Bogen nicht, und quäle dich nicht so, dass du kaum wagst, Luft zu holen. Im Leben sein Gleichgewicht zu finden und den Weg der Mitte zu beschreiten, ist eine stille, tiefe und reiche Freude.

Ich spreche hier aus meiner eigenen Erfahrung und aus der meiner Freunde und Bekannten. Die Weiträumigkeit buddhistischer Lehre hat niemals Platz in einer Schublade. Wir verfügen über Traditionen im Hinblick auf Meditation, Therapien, Geistesübungen und körperliche Übungen, doch ihre Aufgabe ist es nur, uns in einen Zustand von Frieden und Ruhe zu versetzen.

Um dir selbst wirklich Raum und Freiheit zuzugestehen, musst du dich erst einmal von den zahlreichen Missverständnissen und Etiketten befreien, von denen du dich im Hinblick auf dich selbst, deine Beziehungen, Familie, ja, auf alle Menschen hast vereinnahmen lassen. Fast immer richtet sich unser Tun nach irgendwelchen festen Vorstellungen. Manchmal ist das gut und schön, und unsere Überzeugungen sind lobenswert und positiv. Aber dennoch bereiten wir uns damit selbst den Weg für Enttäuschungen, denn irgendwann einmal wird uns jemand enttäuschen. Oder wir enttäuschen uns selbst, indem wir uns nicht an unsere eigenen Vorgaben halten.

Wir müssen lernen, gute Zuhörer zu werden und freundlich zu jenen zu sein, die uns an ihren Meinungen teilhaben lassen. Viele meiner Kollegen widersprechen mir und meinen Vorstellungen, aber das macht mir nichts aus. Ich höre mir ihren Standpunkt gerne an und respektiere ihre Auffassung. Wir dürfen nicht dogmatisch sein, wenn wir in dieser Welt glücklich und ohne Stress leben wollen. Ein glücklicher Geist ist offen und schafft Raum. Sind wir jedoch engstirnig, dann haben wir nicht einmal genug Platz, um uns selbst anzunehmen, und an diesem Punkt setzt der Stress ein. Die Menschen werden eifersüchtig und streiten miteinander um jede Kleinigkeit. Wir dürfen nicht engstirnig sein. Wir brauchen Flexibilität und müssen Raum für andere lassen.

Wir bedürfen der Bereitschaft, uns von unserem geplanten Leben zu verabschieden, damit wir das Leben führen können, das auf uns wartet. *E. M. Forster*

Bedenke: *Alles* ist immer im Wandel und nichts von Dauer. Deshalb ist es für uns so immens wichtig, dass wir uns von jeglicher *Vereinnahmung* durch Hoffnung, Begehren und durch eine Person befreien. Das bedeutet nicht, dass wir keine Hoffnungen oder Beziehungen haben sollen, sondern dass wir sie nicht festschreiben dürfen, denn das führt zu nichts anderem als Stress. Um glücklich zu sein, ist es nicht erforderlich, dass wir uns aus der Welt zurückziehen und in einer Höhle leben, doch müssen wir die relative Wahrheit unseres Alltags verstehen.

Alles verändert sich von einem Augenblick zum anderen. Warum also sollte man Zeit und Energie auf Vergangenheit und Zukunft verschwenden und sich über das Sorgen machen, was war oder was sein wird? Diese Frage spielt sowohl in der Meditationspraxis als auch im Alltag eine große Rolle, wenn wir ihn lebendiger, friedlicher und glücklicher leben wollen. Es ist gut, die Dinge leicht zu nehmen. Vermagst du es, dir auch nur dieses kleine Detail anzueignen, dann bist du bereits in die richtige Richtung unterwegs. Eine so kleine Veränderung deiner Geisteshaltung macht bereits einen gewaltigen Unterschied in deinem Leben.

Höre auf das, was die Natur selbst dich lehrt – Lehren vom Wechsel zwischen Tag und Nacht, den ineinander übergehenden Jahreszeiten, vom Wind, vom Klang des Wasserfalls. Diese Naturerscheinungen verdeutlichen uns, dass alles im Leben relativ und nichts von Dauer ist und dass wir uns getrost von den Emotionen und Gedanken verabschieden dürfen, die unsere Freude am Leben verdüstern und in uns Stress und Nervosität auslösen. Die Dinge müssen nicht einem bestimmten Muster folgen. Es reicht, wenn sie sind, wie sie sind.

Ich war damit beschäftigt, mein Zimmer aufzuräumen. Zwar war es recht sauber, doch es ist immer gut, die Dinge durchzugehen, die sich im Verlauf des zurückliegenden Jahres angesammelt haben, und sich von all jenen zu befreien, die einen im kommenden Jahr bremsen könnten. Sowohl greifbare wie emotionale Dinge behindern möglicherweise auch dich in deinem Vorankommen auf deinem Lebensweg und schneiden dich von deiner Bestimmung ab.
Deshalb waren gestern hier im Druk Amitabha Mountain Kloster alle mit Aufräumen beschäftigt. Ich habe mit meinem Zimmer lange gebraucht, so viel Durcheinander hatte ich in den zurückliegenden Tagen, Wochen, ja Monaten produziert. Und die Moral von der Geschicht? Wie in unserer spirituellen Praxis müssen wir auch beim Aufräumen dranbleiben, möglichst jeden Tag, jeden Augenblick ein wenig tun, oder wie sollen wir sonst all das Chaos wieder loswerden, das wir unablässig anhäufen? Es ist so viel leichter, jeden Tag ein wenig Unordnung aufzuräumen als ab und an einen riesigen Berg.

Lernen, du selbst zu sein

Überlege, wie viel wir jeden Tag voneinander abschauen oder wie oft wir Dinge tun, die uns auferlegt werden oder die unsere Freunde auch so tun. Wir kopieren, wie andere Leute leben, essen, sich kleiden – alles. Wenn wir dann Vergleiche zwischen uns und den anderen ziehen, kommen wir einmal zu dem Schluss, dass wir besser sind, ein anderes Mal, dass wir schlechter sind. Diese Art zu leben ist wie die Fahrt mit einer Achterbahn. Zum Schluss sind unser Begehren und unsere Wünsche ins Uferlose angewachsen, und wir geben mehr und mehr Geld aus, um uns besser zu fühlen. In dir versammelst du Tausende Bilder, mit denen du dich vergleichst, Bilder von einer «hübscheren», von einer «erfolgreicheren» Person. Gegen sie hast du keine Chance, und das ist immer eine schmerzhafte Erkenntnis.

Schauen wir gerade nicht voneinander ab, dann beurteilen wir die anderen, stellen fest, ob sie gut oder schlecht sind, ob sie recht haben oder falsch liegen. Wenn ich während eines Gespräches einen Freund sagen höre, dass irgendjemand ein böser Mensch ist, dann macht mich das immer traurig. Schon möglich, dass dieser Mensch böse Dinge tut, aber wer kann schon wissen, ob er wirklich böse ist?

Natürlich ist es in Ordnung, dass du dich geschmackvoll anziehst und gut aussehen möchtest – solange du nicht das Gefühl haben musst, mit anderen zu konkurrieren. Sei einfach du selbst. Sei glücklich, egal ob ein anderer größer ist, besser oder schlechter aussieht als du. Geh zu deiner Verabredung oder zu deiner Party und kehre glücklich zurück: einfach, weil Leben in dir steckt. Darin liegt keine Missgunst, und du kannst andere an deinen aufrichtigen, positiven Gefühlen teilhaben lassen. Genau das wird in unseren modernen Zeiten gebraucht.

Wie üblich kamen Menschen, um Zuflucht zu suchen. Die Versammelten standen auf, klatschten und plauderten miteinander, als einer nach dem anderen hinzutrat. In westlichen Ländern laufen solche Zeremonien anders ab. Die Anhänger sind ernsthafter und fühlen sich schon von den kleinsten Geräuschen während der Zeremonien gestört. Doch heute geriet alles etwas außer Kontrolle. Es war schwierig, die Menschen in eine friedliche Stimmung zu versetzen. Aber das war auch in Ordnung; sie glücklich und aufgekratzt zu sehen machte mich ebenfalls glücklich.

Denke daran, dass unsere Erfahrungen im Leben wirklich nur das sind: Erfahrungen. Du bist nicht deine Erfahrungen, und sie geben dich nicht wieder. Klammere dich nicht an deine Fehler oder an Kritik. Bringe den Mut auf, sie anzunehmen, von ihnen zu lernen und dann aufzustehen und weiterzugehen. Der Alltag soll leicht genommen werden. Ich weiß, das ist leichter gesagt als getan. Aber denke nur daran, um wie vieles produktiver du bist, wenn Entspannung dich erfüllt, als wenn bohrender Zweifel an dir nagt und quälende Fragen dich peinigen.

Beziehungen

Die Freiheit, die du dir selbst zugestehst,
schenkst du anderen.
Gyalwang Drukpa

Ich bin der Meinung, dass positive Beziehungen mit der Zeit wachsen, sich vertiefen und aufrichtiger werden sollten. Eine gute Beziehung ist für das eigene Leben eine großartige Unterstützung. Wir hoffen darauf, dass der Partner unser Verständnis und unsere Spiritualität fördert und unser Leben insgesamt bunter macht. Folglich ist eine gute Wahl entscheidend. Andererseits kann es auch geschehen, dass du den richtigen Partner genau deshalb findest, weil du ein reiches und buntes Leben führst. Wie bei so vielen Dingen wissen wir auch hier nicht genau, wie sich Ursache und Wirkung zueinander verhalten.

Gute Beziehungen zu Mitmenschen, anderen Lebewesen, Bäumen, Blumen, ja dem Universum müssen wir pflegen und positiv halten. Ohne die Unterstützung und den Ansporn von Freunden und anderen Lebewesen, auf die man sich stützen kann, ist ein spirituell geführtes Leben manchmal sehr einsam. Doch eine solche Beziehung beruht auf ihrer Gegenseitigkeit – einmal streckst du als Erster die Hand aus, beim nächsten Mal der andere. Wir leben nicht allein auf dieser Welt; wir sind alle miteinander verbunden. Auch wenn du der mächtigste Mensch der Welt bist, was nützt dir deine Macht, wenn du weder auf Liebe noch auf Unterstützung zählen kannst?

Ähnlich wie beim Glück konzentrieren wir uns auch in Beziehungen oftmals auf die falschen Bereiche. Wir brüten über

Missverständnissen und vergessen unsere Gemeinsamkeiten und das, was wir aneinander lieben. Das geschieht häufig zwischen Lebenspartnern sowie zwischen Eltern und Kindern. «Du verstehst mich einfach nicht», werfen wir uns gegenseitig vor und vergessen die vielen Male, da wir einander Liebe und Mitgefühl entgegengebracht haben. Zweifel setzen unserem Vorhaben und der Motivation, gute Menschen zu sein, von allen Widrigkeiten am meisten zu. Sie stellen außerdem die größte Gefahr für unsere Beziehungen dar.

Doch ebenso, wie du in dir Glück finden kannst, so kannst du dir auch die Liebe erschließen, die in dir wohnt. Zum Glück sind die erforderlichen Schritte dieselben. Als Erstes nimmst du dir ein wenig Zeit, um dich an all die guten Dinge zu erinnern, sie anzuerkennen und zu wertschätzen. Sobald du dir diese Wertschätzung zurückerobert hast, kannst du dich deinen Verletzungen auf konstruktive und heilende Weise ohne Bitterkeit und Wut zuwenden. Erst stellst du die Grundlagen wieder her, dann beleuchtest du alles Positive und schließlich beschäftigst du dich vorsichtig mit den Dingen, die einer Lösung bedürfen oder etwas entstaubt werden müssen und verabschiedest dich schließlich von ihnen.

> ***Was für eine glückliche und heilige Sitte es doch ist, dass jene, die einander lieben, miteinander das gleiche Kissen teilen.*** *Nathaniel Hawthorne*

Die Dankbarkeit innerhalb einer Beziehung verleiht der Partnerschaft ihren warmen Glanz. So, wie Glück in unser Leben gelangt, indem wir andere Menschen glücklich machen, so wird das Lächeln und die Unbeschwertheit deines Partners dein Leben leicht machen, wenn du ihm oder ihr gibst, was er oder sie wirklich braucht, statt nur das, *was du geben willst.*

Frage dich, was dein Partner, deine Freundin, dein Chef wirklich braucht. Ist einer durstig, dann zeige ihm deine Liebe nicht mit Blumen – gib ihm Wasser zu trinken. Ist jemand müde, dann lass ihn schlafen. Was sie brauchen, sagt dir dein aufrichtiges, unvoreingenommenes Verständnis, dein Zuhören und dein Voranstellen ihrer Bedürfnisse und Wünsche vor deine eigenen. Das heißt nicht, dass du dich von anderen kontrollieren lässt, so wie es in so vielen Beziehungen heutzutage geschieht. Oberflächlich betrachtet mag es um Kontrolle gehen, doch wenn du tiefer blickst, stößt du auf das, was jeder Mensch braucht, auf das Bedürfnis nach Liebe und Mitgefühl; versuche es zu erfüllen. Schenke diesem Menschen Freiheit, und du selbst wirst befreit.

Wenn es mir doch nur gelänge, mich von dem Drang zu befreien, meine Muster in deinem Herzen ausfindig zu machen, dann könnte ich dich wirklich wahrnehmen.

David Brandon, Zen in der Kunst des Helfens

Lebe ich beispielsweise mit einem Partner zusammen, dann sollte ich ihn oder sie verstehen, damit sich unser Zusammenleben harmonisch gestaltet. Verstehen wir einander nicht, dann wird es uns sehr schwerfallen, friedlich und harmonisch zusammenzuleben. Unsere aufrichtige Liebe wird von Missverständnissen überschattet, und schon fällt es uns schwer, einander mit Freundlichkeit zu begegnen. Vielleicht verärgern wir einander oder empfinden uns gegenseitig als Nervensäge. Vielleicht rufe ich meine Partnerin gegen Mitternacht an, wenn sie bereits tief und fest schläft, um mich nach ihrem Befinden zu erkundigen. Ich stelle mir vor, dass ich ihr durch meine Frage meine Wertschätzung zeige, doch sie möchte gerade wirklich nicht von mir gestört werden. Ich sollte sie also lieber in Ruhe lassen. Gelingt es mir, mich in sie hineinzuversetzen, dann wächst mein Verständnis für sie. Auf dieser Basis können wir unsere gegenseitige Liebe vergrößern, einander mit mehr Großzügigkeit begegnen und eine sehr schöne Beziehung entwickeln. Denn wer den anderen versteht, der wird ihn automatisch liebevoll *behandeln*.

Verstehen wir einander, dann muss ich nicht gleich emotional reagieren, bloß weil du ein bisschen gemein zu mir bist. Es wird mir nichts ausmachen. Zwar werde ich es spüren, aber es wird keinen Einfluss darauf haben, wer ich bin. Ich werde meinerseits wissen, dass du und dein Verhalten nicht dasselbe sind. Auf diese Weise finden wir zu einem leichteren und ruhigeren Umgang mit jeglichen Situationen. Selbst wenn eine große Herausforderung bevorsteht, bleiben wir belastbar und ausgeglichen, weil wir verstehen, dass unser Geist unsere Sicht auf die «Wirklichkeit» und auf uns selbst formt.

> ***Den, der sich an eine Freude bindet,***
> ***Zerstört das geflügelte Leben;***
> ***Wer eine Freude im Vorbeiflug küsst,***
> ***Der lebt im Sonnenaufgang der Ewigkeit.***
>
> *William Blake, Eternity*

Ich bezeichne diese Einstellung gerne als eine Art schlauer Egoismus, denn wer dieses Verständnis erst einmal erworben hat, dessen Leben wird so viel leichter. Eigentlich sagt einem das bereits der gesunde Menschenverstand, doch wir vergessen es schnell. Wenn du ein angenehmes Leben mit deiner Frau führen willst, dann musst du sie glücklich machen, und sie wird lächeln und dich liebevoll behandeln. Tust du es nicht, dann wird dein Leben voller Missverständnisse und Stress sein.

Und wenn wir die Beziehung zu unserem Partner als ersten Akt in Sachen Freundlichkeit betrachten, dann können wir uns in der Folge gegenüber unseren Nachbarn, Kollegen, unserer Gemeinde, ja gegenüber allen unseren Mitmenschen genauso verhalten. Alles beginnt mit dem Respekt, den wir einander als Menschen entgegenbringen, gefolgt von dem einfachen Gesetz, dass es uns beglückt, wenn wir andere glücklich machen. Es stimmt, oft vergessen wir diese Zusammenhänge und marschieren in die falsche Richtung. Doch wenn du aufmerksam bist und übst und jeden Tag dein Bestes tust, dann wirst du schon bald darüber staunen, welche Veränderungen du bewirkst.

Ich bin okay, du bist okay

Liebe oder das, was wir dafür halten, kann leicht mit hitzigen Gefühlen verwechselt werden. Es ist leicht, sich von Abarten der Liebe vereinnahmen zu lassen, doch sie bringen Emotionen wie Stolz, Gier, Missgunst und Unsicherheit mit sich. Unser natürliches, entspanntes Selbstvertrauen lässt uns im Stich, und stattdessen geraten wir unter die Kontrolle unserer Emotionen oder unseres Drangs, Kontrolle über unseren Partner zu erlangen. Denke daran: Du bist in Ordnung so, wie du bist, und dein Partner ist es auch. Ihr seid diese Beziehung miteinander eingegangen, um einander voranzubringen, um euch gegenseitig zu unterstützen, um einander durch Berührungen, Lachen und Glück zu bereichern.

Vielleicht bist du mit der Vorstellung aufgewachsen, dass du jemanden brauchst, der zu dir gehört, oder mit dem Wunsch, zu einem anderen Menschen zu gehören. Du meinst, gebraucht zu werden beweise deinen Wert als Mensch, oder du könntest dich in der Zugehörigkeit zu einem Partner sicher und aufgehoben fühlen. Doch sicher und aufgehoben fühlst du dich am ehesten, wenn du Selbstvertrauen hast und unabhängig bist. Vor diesem Hintergrund kannst du dich der Gegenwart eines Partners in aller Tiefe erfreuen, ohne dich kontrolliert oder zurückgehalten zu fühlen. Du kannst dein Herz wirklich öffnen, weil du nicht von der Liebe deines Partners abhängig bist – alleine mit dir selbst geht es dir ebenso gut.

Es könnte eine Weile dauern, dieses Selbstvertrauen zu entwickeln, wenn du gelernt hast, dass gegenseitige Abhängigkeit etwas Erstrebenswertes ist. Doch wenn du dich darin übst, einige der in diesem Buch vorgestellten Ideen für dich umzusetzen, dann wirst du, so hoffe ich, mit der Zeit entspannter sein, und ein Gefühl von Unabhängigkeit wird sich einstellen, das alle deine Beziehungen bereichert. Vielleicht sorgst du dich, dass du nur, wenn du alleine bist, du selbst sein kannst. Zugleich hast du vor nichts mehr Angst als vor dem Alleinsein. Oder aber du lässt potenziell erfüllende Beziehungen nicht zu, weil du fürchtest, dass du verletzt und zurückgewiesen wirst, wenn du dein Herz öffnest. Versuche den Weg zwischen diesen beiden Extremen zu beschreiten. Sei offen und unabhängig, und deine Beziehungen werden aufblühen.

Verändere dich nicht um deines Partners willen und erwarte nicht, dass er es um deinetwillen tut. Du selbst empfindest es als Befreiung, aus der Schublade herauszukommen, die dein Ego während deines Lebens für dich geschaffen hat, also lass dich auch nicht dazu hinreißen, andere in Schubladen zu stecken. Wenn du es schon anderen nicht gestatten kannst, sie selbst zu sein, wie kannst du dann hoffen, jemals du selbst zu sein? Willst du etwas verändern, dann tue dies aus der Tiefe deines Herzens für euch beide. Strebe Veränderungen mit reinem Herzen an und nicht weil du ein bestimmtes Ergebnis erhoffst, denn es gibt keine Garantie dafür, dass sich die Dinge nach Plan zutragen. Was geschieht, geschieht.

Hört einander zu

Sich darin zu üben, ein guter Zuhörer zu sein, wird dein Mitgefühl schulen, deine verzehrenden Emotionen abkühlen und es dir gestatten, anderen zu helfen, seien sie persönliche Freunde, Arbeitskollegen oder Menschen, denen du eben zum ersten Mal begegnet bist. Aufmerksam zuhören heißt, die Dinge herunterbremsen und die eigenen Ablenkungen und Absichten außen vor zu lassen. Was will mir diese Person sagen? Wie kann ich ihr mit meiner Reaktion helfen?

Blicke in dein Herz

Verschaffe dir Klarheit darüber, ob du deine Beziehungen zu anderen Menschen als eine Kosten-Nutzen-Rechnung betrachtest. Ist es dir wichtig, dass andere dich respektieren oder bewundern? Oder wachst du eifersüchtig darüber, ob dich deine Freunde auch nicht betrügen? So verhältst du dich, weil du etwas Wichtiges vergessen hast, was dir bereits seit Anbeginn der Zeit gehört: Dein Herz hat die angeborene Fähigkeit zu lächeln.

Eltern

Zum Wichtigsten, was Eltern ihren Kindern beibringen können, gehört Respekt. Denn auch ohne die Weisheit und Erfahrung des Alters schafft Respekt eine Basis, auf der dein Kind im Laufe seines Heranwachsens Mitgefühl, Liebenswürdigkeit und Liebe errichten kann.

Leider gibt es viele Kinder, denen keine Gelegenheit geboten wird, Respekt für die Welt um uns her zu entwickeln. Das Essen auf ihrem Teller hat keine Ähnlichkeit mit seiner natürlichen Quelle. Viele wachsen auf in einem Umfeld aus Beton und von Menschen verursachtem Lärm statt zwischen Bäumen und Naturgeräuschen. Sie begreifen nicht, warum es wichtig sein soll, der Welt mit Fürsorge zu begegnen, nicht einmal in ihrer eigenen Straße. Wenn sie ihren Nachbarn und der Welt vor ihrer Haustür keinen Respekt entgegenbringen, wie sollen sie dann jemals Respekt für sich selbst empfinden und wie Zugang zu dem natürlichen Optimismus finden, der in allen von uns wohnt? Man könnte meinen, dass hier Armut und fehlende Perspektiven eine entscheidende Rolle spielen. Doch gibt es überall auf der Welt Familien und Dörfer, für die Mangel kein Hindernis für alltägliches Glück ist. Menschen brauchen genug zu essen und ein Dach über dem Kopf, und leider ist der Mangel an beidem in der Welt viel zu weit verbreitet. Doch abgesehen von Nahrung und Schutz gehört materieller Besitz in nur sehr geringem Maße zu den Dingen, die wirklich wichtig sind.

Während manche Kinder keine Unterstützung erhalten, um Selbstbewusstsein und Vertrauen in die Welt zu entwickeln, stehen andere so sehr unter Druck, dass sie sich mit Ängsten und Sorgen quälen, dass sie es trotz aller Anstrengung nicht schaffen, die Besten zu sein. Unser Leben heutzutage ist ein Konkurrenzkampf. Er beginnt, noch bevor ein Kind seinen ersten Schritt tun und sein erstes Wort äußern kann. Sobald sie zur Schule kommen, haben die meisten bereits ein Selbstbild entwickelt, das auf dem Vergleich mit anderen basiert statt auf dem Verständnis und der Akzeptanz des eigenen Wesenskerns. Wie inspirierend und schön ist es doch, wenn man ein Kind beobachtet, das sorgenfrei und versunken mit anderen spielt. Ob es dabei besser als andere ist, ist doch ohne jede Bedeutung.

Wenn man sich dieses Bild vor Augen führt, ist es offensichtlich. Doch in unserer Welt widerspricht es nicht selten allem, was wir gelernt haben: besser als die Müllers zu sein oder genug Geld zu verdienen, um den Konsumzyklus aufrechtzuerhalten, auf dem die Wirtschaft basiert. Wir sind in diesen Kreisläufen so sehr gefangen, dass wir sie immer früher an unsere Kinder weiterreichen. Noch bevor sie wissen, woher eine Mohrrübe kommt, können sie den Unterschied zwischen Nike und Adidas erklären.

Die Begabungen unserer Kinder sollen wir pflegen und fördern. Doch dürfen wir uns nicht davon vereinnahmen lassen, denn sonst werden auch sie sich von ihren Begabungen vereinnahmen lassen, und ihre Freude daran kann sich in Angst verwandeln. Es ist in Ordnung, dein Kind zu loben, aber wenn du es lobst, ohne es dabei festzuschreiben und in Schubladen zu stecken, dann können sein Herz und sein Geist offen und frei bleiben. Gelingt es uns, unsere Kinder so anzunehmen, wie sie sind, dann werden wir staunen, zu welchen Persönlichkeiten sie sich entwickeln.

Verwandle Wut in Mitgefühl

In Wut zu verharren heißt, ein glühendes Stück Kohle in die Hand nehmen, um jemanden damit zu bewerfen; nur du verbrennst dir dabei die Finger.

Buddha

Wenn der Einzelne keinen Frieden findet, wie soll dann jemals die Welt Frieden finden? Wie kann es uns gelingen, ein Gefühl für den Frieden zu entwickeln und Wut in Mitgefühl zu verwandeln?

Der natürliche Zustand des Geistes ist Frieden; in deinem Wesenskern bist du friedfertig. Doch solange du dich unter der Fuchtel deines Egos und deiner Vereinnahmungen befindest, wirst du darum ringen, Frieden überhaupt zu spüren. Die Situation erinnert an einen sehr armen Mann, unter dessen Bettstelle sich ein Schatz befindet – zum Greifen nahe, doch er weiß nichts davon. Angenommen, ein kluger Mensch käme daher und zeigte ihm den Schatz. Er würde erkennen, dass er über großen Reichtum verfügt, und glücklich und dankbar sein. Uns geht es ähnlich: Unser Seelenfrieden ist in uns, doch wir erkennen es nicht. Nur deshalb müssen wir in unserem Leben kämpfen und nur deshalb nehmen die Dinge manchmal eine destruktive Färbung an.

Es gibt Umstände in unserem Leben, die Wut in uns auslösen. Für manche ist es fehlender Respekt wie etwa bei aggressivem Fahrverhalten oder bei Umweltverschmutzung. Wut scheint uns über jeden Zweifel erhaben, wenn jemand gemobbt oder ein geliebter Mensch verletzt wird. Ich glaube, am besten ist es, die Wut genau anzusehen, statt ihr nur blind zu folgen. Mit dem Herzen müssen wir erspüren, ob unsere Wut Bestandteil eines Heilungsprozesses ist, der zum Verzeihen führt, oder ob sie niemandem etwas Gutes einbringt und alle in eine unangenehme Situation bringt.

Die rasende Geschwindigkeit, mit der die meisten Leute ihr Leben führen, kann meiner Meinung nach ein Gefühl von Panik in ihnen auslösen. Wenn sich also plötzlich Hindernisse in den Weg stellen, was immer wieder geschieht, dann begegnen wir ihnen mit einer überhitzten Gefühlsaufwallung statt mit der ruhigen, gelassenen Frage: «Was also könnte ich in diesem Fall tun?» Und trotz unserer fortschrittlichen Technologie, die es uns ermöglicht, vierundzwanzig Stunden am Tag miteinander zu kommunizieren, erhalten wir immer seltener die Gelegenheit, unseren Mitmenschen wirklich zu begegnen. Mir scheint, dass auch deshalb so viel Wut in der Welt ist, weil wir nicht mehr wissen, wie man eigentlich miteinander spricht. Es ist so, als stünden wir einander wie vollkommen Fremde gegenüber und hätten nichts gemeinsam, dabei sind wir im Wesentlichen alle gleich. Statt eine Verbindung aufzunehmen, werten wir lieber oder fürchten einander, ohne eine Basis für unsere Einschätzungen zu haben. Wir «erreichen» einander einfach nicht, und in der Kluft, die zwischen uns entsteht, finden Gefühle ein reichhaltiges Jagdgebiet. Wir vergessen, dass wir die Gabe haben, andere zu inspirieren, und dass wir durch Vorbild führen können. Statt unsere Gabe zu nutzen, verstricken wir uns in hitzigen emotionalen Ausbrüchen, die uns nicht voranbringen.

Sobald es uns gelingt, das Aufsteigen der Wut zu erkennen, können wir konstruktiv um sie herumdenken, einen Schritt beiseitetreten, unseren Atem beruhigen und uns fragen, wie wir mit der Situation besser umgehen können. Möglicherweise müssen die Worte gar nicht anders gewählt werden, nur von Überhitzung und Bosheit dürfen sie nicht gefärbt sein.

Der «Wut»-Körper

Die Existenz der Körper-Geist-Verbindung ist zu keinem Zeitpunkt offensichtlicher, als wenn ein Mensch von Wut erfasst wird. Zu den körperlichen Symptomen von Wut gehören ein kurz gehender Atem, ein beschleunigter Puls und Hitzeempfinden. Doch so, wie der Körper uns die Anzeichen für Wut offenbart, kann er uns auch helfen, unsere Gefühle zu beruhigen.

Durch die Wut hindurchatmen

Wenn dich Wut überkommt, dann bemerkst du es vielleicht nicht unmittelbar, doch dein Atem wird flach und schwach. Du spürst wahrscheinlich, dass deine Stimme an Kraft verliert, obwohl du schreien willst. Sie ist hohl und wirkungslos.

Wenn du spürst, wie Wut in dir aufsteigt, dann nutze die Gelegenheit, die Flammen zu löschen, noch bevor sie sich ausbreiten, indem du dich auf deinen Atem konzentrierst. Atme langsam und ohne Zwang aus und in den Bauch ein. Es kann bereits ausreichen, um deine Gefühle zu beruhigen, wenn du deine Aufmerksamkeit für den Bruchteil einer Sekunde von deiner Wut abziehst und deinem Atem zuwendest. Ist es wirklich lohnenswert, wegen dieses Menschen oder dieser Situation zu explodieren? Kannst du vielleicht anders reagieren, zwar nicht deine Wut verleugnen, aber sie doch in eine konstruktivere Reaktion verwandeln?

Wut kann zur Gewohnheit werden

Wut ist ansteckend und kann leicht zu einer Gewohnheit werden, die in bestimmten Situationen durch Erinnerungen und Erfahrungen ausgelöst und vom Ego und durch unser Umfeld angefacht wird. Wir sehen eine bestimmte Person oder sind mit einer bekannten Situation konfrontiert, und es ist, als zündeten wir ein Streichholz an, und schon überfluten uns die altvertrauten Gefühle. Vielleicht hattest du auch einen jähzornigen Vater und kopierst sein Verhalten, wenn du dich wegen Kleinigkeiten in zornige Auseinandersetzungen verwickeln lässt. Ein Teil von dir glaubt, dass dir niemand zuhören wird, wenn du nicht wenigstens die Stimme erhebst. Oder du weißt vielleicht gar nicht, woher dein plötzlicher Wutausbruch kommt? Normalerweise bist du ein ausgeglichener Mensch, doch wenn du etwas siehst, was deine Werte verletzt, oder wenn du dich kritisiert fühlst, ist deine friedliche Stimmung wie weggeblasen, und du kannst gar nichts dagegen tun, dass du aus der Haut fährst. Nimm dir die Zeit, um deine Wutausbrüche zu analysieren, und du wirst ihr gemeinsames Muster entdecken. Vielleicht treiben die Auslöser dein verletzliches Ego in die Defensive, oder deine festgefügten Überzeugungen prallen in bestimmten Situationen schmerzhaft mit der Wirklichkeit aneinander.

Lass dich nicht auf einen Kampf mit deiner Wut ein, und schelte dich nicht jedes Mal, wenn du ihr die Oberhand gewährst. Es ist nicht ratsam, Wut in sich zu vergraben, denn dort wird sie im wahrsten Sinne des Wortes an deinen Wurzeln nagen. Lass sie kommen, und gib ihr die Gelegenheit, sich abzukühlen. Wenn du gerade eine gute Phase hast, dann beschäftige dich für eine Weile damit, warum du wütend wirst, was deine Wut auslöst und welche Gewohnheiten dich mit ihr verbinden. Mit wachsendem Bewusstsein wirst du feststellen, dass die kleinen Dinge, die dich früher wütend machten, nicht mehr so viel Macht über dich haben. Sobald du dich von Vereinnahmungen löst, dich von deinem Ego frei machst und die Welt um dich her mit größerem Verständnis und mehr Wertschätzung siehst, wirst du alles aus einer neuen Perspektive wahrnehmen und weniger überstürzt reagieren. Dein inspirativer Geist wird mehr Raum gewinnen. Du wirst «Problemen» mit größerer Kreativität begegnen und Lösungen finden, statt dich nur zu beklagen.

Wird es dir gelingen, Veränderungen in deinem Leben vorzunehmen, die deine Gewohnheit durchbrechen? Angenommen, du wirst jedes Mal wütend, wenn du Jugendliche siehst, die ihren Abfall einfach fallen lassen, fühlst dich jedoch zu machtlos und vielleicht auch zu ängstlich, um sie zur Ordnung zu rufen. Sicher kannst du dich mit anderen beraten und einen Weg finden, die Jugendlichen zu inspirieren, anstatt sie zurechtzuweisen. Wachse über deine Vorurteile hinaus und denke darüber nach, an welcher Stelle du im Kleinen etwas verändern kannst. Dann wird dein Mitgefühl am größten sein.

Wie gesagt, suchen wir oft am falschen Ort nach Glück – dort, wo uns etwas fehlt, und nicht in dem, was sich bereits in unserem Leben befindet. Gleiches gilt für Wut: Wenn du sie wie eine Münze umdrehst, dann wirst du oft feststellen, dass Mitgefühl schon immer da war. Wegen vieler Missverständnisse sind Eltern und Kinder vielleicht jahrelang wütend aufeinander. Doch wenn sie wüssten, wo sie suchen sollen, dann würden sie immer verbindende Gemeinsamkeiten finden und einen ersten Funken Verständnis, den sie fördern könnten.

Denke also daran, dass Wut ein großartiger Lehrer ist. Sie sagt dir, dass du etwas durchdenken und deinen inspirierten und deinen praktischen Geist einsetzen musst, um einen besseren Weg zu finden. Oder sie macht dich darauf aufmerksam, dass dein Ego doch noch fester im Sattel sitzt, als du dachtest. Was immer es ist, höre auf deine Wut, aber überlasse ihr nicht die Kontrolle über dich. Dazu ist dein Leben zu kostbar.

Klatsch und harte Worte

Natürlich ist es unheimlich schwer, mit Menschen Mitgefühl zu haben, die uns körperlich verletzen. Doch auch Worte können uns wehtun. Klatsch ist nichts als heiße Luft. Da wir jedoch gewöhnliche Menschen sind, werden wir wütend oder aufgeregt und wollen dem anderen seine üble Nachrede heimzahlen. Wir sind es gewohnt, auf Klatsch mit negativen Gefühlen, Worten und sogar Handlungen zu reagieren.

Es ist leicht, angenehme Menschen und Situationen zu mögen. Doch die eigentliche Prüfung steht dir bevor, wenn du mit unangenehmen Menschen und Situationen konfrontiert bist und sich herausstellt, ob du mit ihnen klarkommst oder nicht. Klatsch und üble Nachrede geben uns die Gelegenheit, etwas im Alltag zu üben, das wirklich unserer Aufmerksamkeit bedarf. Es ist sehr wichtig, dass wir uns Mühe geben. Wenn also jemand etwas Schlechtes über dich sagt, dann reagiere, indem du etwas Positives über diese Person äußerst. Wenn dir das nicht gelingt, dann halte lieber den Mund.

Wie Feinde zu Lehrern werden

Was ist, wenn jemand auf einer Party oder bei einem wichtigen Ereignis mit Absicht etwas über dich sagt, was dich beschämen oder in Verlegenheit bringen soll? Statt wütend zu werden oder ihm eine Retourkutsche zu liefern, mache dir klar, dass diese Person dir eine großartige Lektion anbietet. Indem sie dich wütend macht, verschafft sie dir die Gelegenheit, gegen diese Wut anzugehen. Diese schwierige Situation ist für dich die Chance, Geduld und Verständnis zu entwickeln und auf diese Weise deine Weisheit zu formen. Statt also solche Menschen als Feinde zu betrachten, begreife sie als Lehrer.

Sprich nicht, es sei denn, deine Worte verbessern die Stille.
Buddhistisches Sprichwort

Übst du dich in Liebe und Mitgefühl, wirst du auch dann ruhig und deinem Weg treu bleiben, wenn sich plötzlich die, die du immer beschützt und umsorgt hast, ohne ersichtlichen Grund gegen dich wenden und sich wie Feinde aufführen. Hierfür ist schlechtes Karma verantwortlich, du bist es nicht. Es ist wie ein Pilz, der plötzlich aus der Erde schießt. So etwas passiert oft, und die Menschen begreifen nicht warum und werden wütend und aufgebracht. Solche Dinge geschehen, weil wir uns von Wut, Missgunst, Unwissenheit, dem Ego und anderem Unsinn beeinflussen lassen. Wir stehen ganz und gar unter dem Einfluss von unserem Ego und unseren Emotionen und wissen es nicht einmal. Weil wir uns überlegen fühlen, schimpfen wir oder werden sogar handgreiflich – wir sind blind.

Wie schwer es auch sein mag: Wenn du der Erleuchtete bist – und sei es im Anfangsstadium –, wie kannst du dann Hass mit Hass erwidern? Vielleicht gibt es aus dem, was sie sagen, etwas für dich zu lernen? Andernfalls: Wie können wir etwas Besonderes sein, wenn wir so handeln wie sie? Was haben wir dann gelernt?

Denke auch daran, wie sehr du selbst versucht bist, über andere herzuziehen oder sie zu kritisieren. Die meisten von uns können diesem Reiz nicht immer widerstehen. Jedes Mal, wenn wir über jemanden sprechen, fangen wir nach wenigen Minuten an, ihn zu kritisieren. Wir können nichts dagegen tun, es ist eine Angewohnheit. Doch wer sind wir, dass wir behaupten dürften, diesen Menschen gut genug zu kennen? Vielleicht ist diese Person ja sogar ein großartiger Verwandlungskünstler. Es ist also das Beste, wenn wir uns darin üben, das Kritisieren aufzugeben. Denn was andere Leute tun und lassen, geht uns nichts an. Das ist ihre Sache, also sollen sie sich darum kümmern. Man hält sich mit Kommentaren lieber zurück.

Bei ausreichender Übung wird deine Wortwahl mit der Zeit gemäßigter und ruhiger ausfallen. Mit der richtigen, reinen Motivation ist Glück praktisch vorprogrammiert. Eine freundliche Sprache ist wichtig. Sie trägt dazu bei, andere Menschen friedlich zu stimmen und selbst eine friedliche Ausstrahlung zu erlangen. Um das zu erreichen, musst du dir zuerst deiner selbst gewahr werden, denn wenn es dir an Bewusstsein mangelt, gelingt es dir vielleicht ein- oder zweimal, einen kühlen Kopf zu behalten, doch irgendwann wirst du dich vergessen. Aufmerksamkeit ist die Voraussetzung für fast alles. Wenn sich auf dem Weg plötzlich Hindernisse aufbauen, dann kannst du sie damit einreißen. Mit Aufmerksamkeit dir selbst gegenüber kannst du deine aufwallenden Emotionen in Schach halten und dich im Gleichgewicht halten, statt dich ständig ablenken zu lassen und über die Stränge zu schlagen. Gewahrsein heißt nicht, dass du dein Leben unbeweglich und konservativ gestaltest. Lache, sei fröhlich und habe Spaß – doch wenn du deine Aufmerksamkeit schulst, dann hast du es nicht mehr nötig, auf Kosten anderer zu lachen.

Mitfühlendes Zuhören

Das beste Mittel, um das Entstehen von Wut von vornherein zu verhindern, ist mitfühlendes Zuhören. Hören wir mit echter Empathie zu, dann versetzen wir uns in die Lage des anderen und erkennen, dass der andere auch nur ein Mensch ist wie wir selbst. Es ist wichtig, jegliches Urteilen beim Zuhören zu unterlassen. Anfangs fällt uns das vielleicht sehr schwer, weil man uns von Kindesbeinen an beigebracht hat, alles, was wir sehen und hören, zu beurteilen und einzuordnen. Doch wenn es uns gelingt, dem anderen einfach nur aufmerksam zuzuhören, dann werden wir versuchen, ihn auch dann zu verstehen, wenn er sich vermeintlich verletzend oder unfair äußert oder handelt.

Sprich über deine Gefühle und höre anderen mit Mitgefühl zu, wenn sie dir die ihren erklären; verstehen geschieht wechselseitig. Gelingt es dir, erst jene, die dir nahestehen, offen und ohne Vorverurteilung anzuhören und später sogar Menschen, die dir auf die Nerven fallen, dann wirst du schließlich allen mit Mitgefühl begegnen. Damit erwirbst du die Freiheit, deine eigenen Gefühle diesen Personen gegenüber wie Kiesel umzudrehen und eingehend zu untersuchen. Ist es dir angenehmer, dieser oder jener Person, womit auch immer sie dich zuvor getroffen hat, mit Wut zu begegnen oder doch lieber ruhig und ausgeglichen?

Ich wünsche dir, dass sich deine Wut mit mehr Übung abkühlt und dass du deinen Weg leichteren Fußes fortsetzen kannst. Sorge für dich, indem du dir Zeit in der Natur, für die Kontemplation und für das Nachdenken zugestehst. Suche die Dinge in deinem Leben, die dich inspirieren, statt jene, die dich erzürnen. Sprich mit deinen Freunden und deinen Lehrern und lass dir von ihnen helfen, herauszufinden, woher dein Zorn kommt und wie du mit seinem Auslöser umgehen kannst. Leicht ist das nicht, doch wenn die Wut in deinem Leben weniger Raum einnimmt, dann findest du besseren Zugang zu Inspiration und Freude und hast mehr Zeit für die Dinge, die wirklich wichtig sind.

Furchtlosigkeit in unruhigen Zeiten

Kühnheit möge deine Freundin sein.

William Shakespeare, Cymbeline

Der Weg, den wir durch unser Leben nehmen, ist lang und holperig. Das unebene Gelände macht mir nichts aus, doch den unendlich vor mir ausgebreiteten Weg finde ich ein wenig beängstigend. Keiner von uns weiß, wie lang unser Weg ist, und deshalb leben wir weiterhin mit unseren Hoffnungen und Ängsten. Wie den meisten gefallen mir die hoffnungsvollen Phasen, doch leider werden sie oft von Angst begleitet. Daran zu denken, ruiniert mir mein Frühstück. Wenn du zu den Glücklichen gehörst, die das nicht so erleben, würde ich mich gerne in dein Boot retten.

Zum Beispiel empfindet man größte Freude, wenn man im Begriff ist, die schöne junge Frau oder den adretten jungen Mann zu erobern, von dem oder der man schon so lange geträumt hat, oder wenn man bei der Arbeit gerade die Beförderung erhalten hat, um die man sich schon so lange bemüht. Doch früher oder später tauchen im Gefolge dieser wunderbaren Gefühle Ängste auf: dass man den geliebten Menschen wieder verlieren könnte, dass irgendetwas schief läuft, dass man sich als nicht gut genug erweist.

Ängste und Befürchtungen scheinen in unserer modernen Welt epidemische Ausmaße anzunehmen. Hast du hohe Erwartungen an dich und das Leben, dann ist Angst ganz natürlich, denn du machst dir Sorgen, was wohl geschehen wird, wenn sich deine Erwartungen nicht erfüllen oder das Leben deine Pläne durchkreuzt. Und weil das Leben Pläne nur selten einhält, hast du bestimmt früher schon Enttäuschungen einstecken müssen. Aus ihnen erwächst oft die Befürchtung, dass dir neue Enttäuschungen blühen könnten, wenn du ein Risiko eingehst und ausgetretene Pfade verlässt.

Doch wenn so viele Ängste im Spiel sind, dann nageln sie dich leicht an einer Stelle fest und hindern dich daran, mit dem Fluss zu gehen und dein Bestes zu tun. Dagegen kannst du dich am besten wehren, indem du deine Ängste offen und aufrichtig in Augenschein nimmst. Schiebe sie nicht beiseite, aber gestatte es ihnen auch nicht, dir dein Leben zu diktieren.

Der normale oder natürliche Zustand im Leben ist eigentlich Furchtlosigkeit. Wenn es dir gelingt, zu diesem natürlichen Zustand zurückzufinden, dann steigt dein Selbstvertrauen. Sobald du darauf verzichten kannst, nach Vollkommenheit zu streben oder dich mit anderen zu vergleichen oder dir jedes bisschen Kritik zu Herzen zu nehmen, wirst du die Anfänge dieser entspannten Furchtlosigkeit und neues Selbstvertrauen spüren.

Stell dir vor, wie dein Tag wäre: frei von Selbstkritik oder Verurteilungen durch andere, frei von unangenehmen Situationen oder der Angst vor dem «Was wäre, wenn ...?». Ergebenheit heißt nicht, dass du dich nicht mehr um das kümmerst, was dich umgibt, oder dass du nicht mehr mit aller Kraft nach deiner Bestimmung suchen sollst. Ergebenheit erinnert uns daran, dass keiner von uns vollkommen, dass nicht einer besser oder schlechter als der andere ist. Warum also nicht das Leben bei den Hörnern packen und du selbst sein, statt deine Zeit mit Sorgen zu verschwenden?

Auch Wertschätzung fördert Selbstvertrauen und Furchtlosigkeit. Indem wir erkennen, was es alles gibt, wofür wir im

Laufe eines Tages dankbar sein können, wird uns das Herz leichter, und wir werden optimistischer. Gelingt es dir, Freude am Augenblick zu empfinden, dann bist du präsenter, nimmst Kontakt mit deinen Mitmenschen und mit dem Leben auf. Du hast die Einladung zur Party angenommen, statt nur am Rande zu stehen. Die Wertschätzung, die du anderen erweist, ist eine Art Großzügigkeit, die dir im Gegenzug Zufriedenheit einbringen und deine Ängste besänftigen wird. Gelingt es dir, das Gute in deinen Mitmenschen und in deiner Umgebung zu sehen, so nimmst du es auch in dir wahr. Statt dich davor zu fürchten, was geschehen könnte, wirst du dich inspiriert fühlen und es herausfinden wollen.

Furchtlosigkeit bedeutet nicht, dass du es nie wieder mit Ängsten zu tun hast; das ist unmöglich, denn sie sind ein natürlicher Bestandteil unserer Hoffnungen, und die wiederum gehören untrennbar zum Leben. Wie Wut ist auch Angst ein großartiger Lehrer. Wenn ich mich zum Beispiel in England befinde und mir jemand eine Frage stellt, dann habe ich oft Mühe beim Zuhören. Leute, die dort eine Frage stellen, erzählen offenbar immer erst, was sie denken, und es ist an mir, herauszufinden, was sie nun wirklich wissen wollen. Ich bin dann etwas verwirrt und ängstlich, weil ich mich von der Situation vereinnahmen lasse. «Was ist die Frage?», will ich wissen. Das ist nur ein ganz kleines Beispiel für Angst. Solche Situationen erleben wir jeden Tag, und sie zeigen, wie nützlich es ist, solche Alltagsgelegenheiten als Lektionen zu begreifen.

Für viele Menschen kann Angst extreme Ausmaße annehmen. Sie kann so schmerzhaft sein, dass sie einen Menschen zum Selbstmord veranlasst. Es ist traurig, dass es diesen Menschen nicht gelingt, ihre Furcht in Weisheit zu verwandeln, weil sie sich von ihr überwältigt fühlen – die wahre Essenz des Lebens ist ihnen entzogen. Deshalb behaupte ich, dass Ergebenheit das Licht meines Lebens ist. Es ist so befreiend, zu wissen, dass ich so in Ordnung bin, wie ich bin, und dass mein Bestes ganz bestimmt gut genug ist. Wenn ich eines weitergeben könnte, dann wäre es Ergebenheit. Sie gibt so viel Kraft.

Sich auf das Schlimmste vorbereiten

In der buddhistischen Philosophie ist viel vom Tod und der Vorbereitung auf ihn die Rede, weil wir nur wahrhaft *leben* können, wenn wir auf unseren Tod vorbereitet sind. In unserer modernen Welt fürchten sich viele Menschen vor dem Tod und vermeiden jeden Gedanken an ihn. Das Nachdenken über diese eine Gewissheit, die wir alle gemeinsam haben, wird als negativ und deprimierend empfunden. Doch ich meine, dass die hartnäckige Flucht vor dem Tod nur zu mehr Depression, Angst und Furcht führt. Wären wir hingegen vorbereitet und akzeptierten, dass wir schon morgen sterben können, wäre es dann nicht wahrscheinlicher, dass wir heute besser leben und lernen würden?

Vielleicht glauben wir ja, dass unser Nachdenken über den Tod reuevolle Gedanken zu unserem Leben ans Tageslicht fördert, und deshalb schieben wir es von einem Jahr ins nächste. Doch damit verschieben wir auch unser Leben auf den Sankt-Nimmerleins-Tag, wir lassen uns treiben oder packen unsere Tage mit Unsinn voll und vertreiben unser eigenes Glück, obwohl es doch die ganze Zeit direkt vor unserer Nase liegt.

Oder aber du stellst fest, dass du dein Leben verplanst, immer nur in die Ferne blickst und zukünftigen Versionen deiner selbst und deines Lebens hinterherjagst, immer von der Angst erfüllt, was wohl geschehen würde, wenn du einfach im Hier und Jetzt lebtest. Vielleicht meinst du, dass du so besser auf die Zukunft vorbereitet bist. Natürlich müssen wir hart dafür arbeiten, damit wir später im Leben ein Dach über dem Kopf haben, aber das sollte dich nicht davon abhalten, heute zu leben. Nach bestem Wissen und Gewissen das Beste aus dem heutigen Tag zu machen, ist schließlich genau deine Bestimmung. Denn es geht ja darum, die Welt zu verbessern, und sei es mit deinen geringen Mitteln, und das Leben nicht als gegeben hinzunehmen, sondern wertzuschätzen. Eine bessere Vorbereitung auf den Tod kann es gar nicht geben.

Über den Tod nachsinnen

Es ist gut, in einem Moment, in dem du entspannt und zufrieden bist, Zeit in das Nachdenken über den Tod zu investieren. Nimm dir diese Kontemplation vor für einen Tag, der dich erfüllt und beglückt. Es wird dir gelingen, den Tod ohne Angst, mit offenem Herzen zu erforschen und gründlich in Augenschein zu nehmen. Ein solcher Zeitpunkt eignet sich ganz besonders für die Kontemplation. Weniger günstig ist es, wenn unser Geist voller Ablenkungen ist oder wenn wir vor großen Herausforderungen stehen.

Angst zu versagen oder auch erfolgreich zu sein

Es ist vollkommen natürlich, Angst zu haben und unsicher zu sein, wenn man am Anfang einer neuen Beziehung steht, gerade den Arbeitsplatz gewechselt hat, in ein anderes Land oder eine fremde Stadt umgezogen ist. Vielleicht machst du dir Sorgen, ob du die «falsche» Entscheidung getroffen hast oder ob du auf deinem neuen Weg scheitern könntest. Im Verlauf deines Lebens kann diese Angst gelegentlich so stark sein, dass sie dich lähmt und dich hindert, auch nur einen einzigen Versuch zu starten und herauszufinden, welche Konsequenzen er hat.

> ***Für welchen Kurs du dich auch entscheidest, immer wird es jemanden geben, der dir sagt, dass deine Entscheidung falsch war. Mit jeder neuen Situation gehen Schwierigkeiten einher, die dich veranlassen zu glauben, dass deine Kritiker recht haben.*** *Ralph Waldo Emerson*

Doch wenn du deine Entscheidungen im Leben mit Bedacht triffst, gut achtgibst, deinem Herzen folgst und dein Bestes tust, dann gibt es kein Versagen. Auch wenn eine neue Beziehung nicht von Dauer ist und die Person nicht zu deinem Lebensgefährten wird, denke an alle die Lektionen, die du durch diese Erfahrung gelernt hast. Wenn ein Unternehmer ein neues Geschäftsmodell erprobt und der Erfolg ausbleibt, dann bezieht er alles Gelernte bei seinen zukünftigen Entscheidungen mit ein – es ist lediglich ein Schritt auf seinem Weg.

Selbstverständlich wird es dich erschüttern, wenn etwas schiefgeht, aber du wirst dich nicht so sehr von dem Gedanken vereinnahmen lassen, dass du versagt hast. Hast du dich denn dieser Person gegenüber nicht großzügig und freundlich gezeigt? Hast du deine Entscheidung bei der Arbeit denn nicht nach bestem Wissen und Gewissen getroffen? Warum also solltest du dir Vorwürfe machen oder überhaupt einen Schuldigen suchen? Gelingt es dir, nach und nach Vorwürfe aus deinem Denken zu verbannen, dann werden deine Ängste zurückweichen, und du bist frei zu handeln – heute noch.

> ***Lerne, dort aufzustehen, wo du gefallen bist.***
> *Tibetisches Sprichwort*

Vielleicht machst du dir Sorgen, dass der Erfolg mehr Verantwortung mit sich bringt oder dass nach einem Scheitern alles noch viel schwieriger wird. Ich meine, diese Ängste sind auf alle die Erwartungen zurückzuführen, mit denen unsere Schultern in unserer Welt beladen werden. Bei manchen geht man davon aus, dass sie scheitern, und das ist furchtbar traurig. Andere stehen unter solchem Erfolgsdruck, dass sie am liebsten die Flucht ergreifen würden. Wir leiden unter dem Druck, besser als die eigenen Eltern sein zu müssen, als die Nachbarn, als die Schulfreunde. Viele wunderbar begabte Menschen schrecken zurück vor ihrer eigentlichen Bestimmung, vor ihrer Lebensaufgabe, weil sie unter einem so gewaltigen Erfolgsdruck stehen. Je höher sie aufsteigen, desto tiefer werden sie stürzen, fürchten sie.

Aus diesem Grund sprechen wir in der buddhistischen Philosophie so viel über den Weg der Mitte. Achtest du auf dein Gleichgewicht, wanderst nicht zu dicht an den Rändern, aber verfolgst dennoch eifrig deinen Weg, dann werden dich solche Ängste nicht bremsen. So wirst du letztlich viel weiter kommen. Es ist nicht erforderlich, auf dem Weg zum Erfolg etwas zu überstürzen oder sich vor dem Erfolg zu fürchten. Vermeide jede Aufregung, gehe leichten Fußes, und triff deine Entscheidungen aus reinem Herzen. Habe außerdem keine Angst vor dem Scheitern, denn wie alles Auf und Ab des Lebens verwandelt es sich im Handumdrehen in eine wertvolle Lektion.

Werde ich gebeten, einen Vortrag zu halten oder zu unterrichten, dann tue ich es. Mir scheint, dass ich mich nicht allzu sehr vereinnahmen lasse. Ich bin entspannt, und folglich teile ich mit, was mir wichtig ist. Wenn das irgendjemandem nicht gefällt, was dann? Oder wenn es jemandem gefällt: herzlichen Dank! Es spielt keine Rolle. Ich tue und sage das, was spontan in mir nach oben steigt. Wenn ich alles sehr ernst nähme und feste Vorstellungen hätte, könnte ich es gar nicht tun und hätte auch nichts zu sagen. Ich wäre ohne ein Manuskript oder einen Spickzettel aufgeschmissen. Es würde zu kompliziert werden, für dich als Zuhörer und für mich als Referent.

Im Grunde geht es darum, sich zu entspannen, sich zu öffnen und weniger förmlich zu sein. Auf diese Weise schwindet all der Unsinn, und du spürst, was richtig ist. Und genau so wirst du handeln!

Unsere wirkungsvollsten Waffen im Kampf gegen unsere Ängste sind letztlich Liebe und Mitgefühl. Entwickelst du dein Mitgefühl, dann ist weniger Raum für dein Ego und damit auch für Ängste. Diese Entwicklung kann viel Zeit in Anspruch nehmen, denn das Ego ist nur allzu oft sehr stark. Als Erstes musst du dich selbst so annehmen, wie du bist, dann entsteht Raum für andere, und du strahlst Liebe aus, mit der du zunächst vielleicht nur deine unmittelbaren Familienmitglieder erreichst, doch schließlich auch alle anderen Menschen. Nichts könnte je mächtiger sein als die Liebe, sie ist die stärkste Kraft in unserer Welt und nimmt dir auf Dauer jede Angst.

Gedächtnisstützen für den Alltag

Mitgefühl · Güte · Hoffnung · Angst · Veränderung · Tod · Demut · Geduld · Wut · Toleranz · Wertschätzung · Schlichtheit · Besinnung · Zurückweisung · Freiheit · Zeit · Vereinnahmung · Sorgfalt · Inspiration · Großzügigkeit · Kontrolle · Liebe

Bediene dich dieser Begriffe bei der Kontemplation immer dann, wenn du bereit bist, etwas über dich und die Welt zu lernen. Wenn du dich in dir ruhig und zufrieden fühlst, dann wird es dir gelingen, auch noch die schwierigsten Konzepte zu erspüren und zu durchdenken. Deine Gelassenheit wird deine Gedanken und Gefühle zu ergiebiger Selbsterforschung ermutigen. Hat das Leben dich vor Herausforderungen gestellt, dann wird deine Entwicklung sogar noch rascher voranschreiten, wenn du sie als wertvolle Lektion zu begreifen lernst. Erinnerst du dich noch an den Schüler, der meinte, nicht in Zorn geraten zu können?

Öffne dich und höre auf dein Herz: Welcher der Begriffe spricht dich heute an? Versuche nicht, in einer Sitzung alle Antworten auf einmal zu finden. Sei freundlich zu dir und denke daran, nach dem Guten zu suchen. Finde heraus, was du bereits gut in die Praxis umsetzt und was du noch besser machen möchtest.

Gemäß buddhistischer Philosophie gibt es eine Reihe von Dingen, die in dieser Welt schwer zu erlangen sind. Manchmal hilft es, wenn wir uns daran erinnern, dass wir nur Anfänger sind und dass einige dieser Dinge weder leicht noch schnell zu erreichen sind, aber dass es sich sehr wohl lohnt, sie im Alltag zu üben.

- Es fällt schwer, Leidenschaften zu besiegen und egoistische Wünsche zu unterdrücken.
- Es fällt schwer, auf eine Kränkung ohne Zorn zu reagieren.
- Es fällt schwer, die eigene Autorität nicht zu missbrauchen.
- Es fällt schwer, allen Menschen mit ausgeglichenem Geist und offenem Herzen zu begegnen.
- Es fällt schwer, intensiv zu lernen und gründlich nachzuforschen.
- Es fällt schwer, egoistischen Stolz zu verringern.
- Es fällt schwer, Ungebildete nicht geringzuschätzen.
- Es fällt schwer, andere nicht zu bewerten.
- Es fällt schwer, Einblicke in das Wesen des Seins zu erlangen und nach ihnen zu handeln.
- Es fällt schwer, immer Herr seiner selbst zu sein.

Erfreue dich deiner Reise

- Bringe jeden Tag ein wenig Zeit damit zu, um über all die guten Dinge nachzudenken.
- Gelegentlich müssen wir selbst uns daran erinnern, wie kostbar das Leben ist.
- Nimm das Auf und Ab des Lebens ergeben hin. Wenn heute ein guter Tag war, dann ist das wunderbar; wenn nicht, dann ist es auch in Ordnung.
- Denke daran: Wir sitzen alle im selben Boot.

Dein Körper im Alltag

- Mache dir all die unglaublichen Dinge bewusst, die dein Körper Tag für Tag tut: du gehst, sprichst, ziehst Nährstoffe aus deinem Essen, siehst und hörst die Welt, spürst sie mit deinen Sinnen.
- Denke auch an die unsichtbaren Dinge: Dein Herz schlägt schneller, wenn ein geliebter Mensch sich nähert, die Wärme einer fürsorglichen Berührung, die Glücksgefühle als Dankeschön deines Körpers für die sportliche Betätigung.
- Denke daran, wie Stress deinen Körper und deinen Geist beeinträchtigt. Vergleiche, wie dein Körper sich fühlt, wenn du entspannt und ruhig bist.
- Kultiviere deine Sinne: Sieh dir die Schönheit deiner Umwelt an, rieche sie, lausche auf das, was sie dir sagt, vergiss auch fürsorgliche Berührungen nicht und genieße jeden Augenblick.

Glück im Alltag

- Jeden Tag wählen und entscheiden wir. Gelangst du an eine Wegkreuzung, dann stelle dir die Frage: «In welcher Richtung finde ich Glück statt nur Vergnügen?»
- Du kannst dich entscheiden, Harmonie, Glück, Verständnis und Erleuchtung in die Welt zu tragen. Damit kannst du schon heute anfangen – einfach, indem du deine Wärme mit anderen teilst.
- Denke darüber nach, was dich inspiriert und in Bewegung setzt. Finde es in deinem Alltag heraus.
- Nimm dir die Zeit, um die einfachen Dinge wertzuschätzen. Bereite deinem Gefährten eine Tasse Tee, halte inne, um einen Moment dem Gesang der Vögel zu lauschen, sei

mit Aufmerksamkeit bei der Arbeit, und überlege, bevor du sprichst, was du wirklich sagen willst.

- Verschenke dein Lächeln freigebig.
- Dein Glück kommt, wenn du andere glücklich machst.

Lass die Landschaft auf dich wirken

- Wir alle kommen aus der Natur. Wir sind ein Bestandteil der Natur. Ja, *wir sind die Natur*.
- Nimm dir Zeit, um dich umzublicken und die Landschaft auf dich wirken zu lassen. Du wirst die Welt und dich selbst kennenlernen und herausfinden, was dich inspiriert.
- Wenn du die Natur respektierst, dann respektierst du auch dich selbst.
- Gelingt es dir, einen Gang herunterzuschalten, um Verbindung mit der Natur aufzunehmen, dann fällt es dir leichter, deine Ängste abzubauen und anderen Menschen zu begegnen.
- Gestatte es der Natur, deine Sinne zu bilden.

Gemeinsam gehen

- Würdige die Menschen, die dir Wärme und Unterstützung schenken und die dich in die richtige Richtung weisen. Gewähre ihnen deine Wertschätzung aus der Tiefe deines Herzens.
- Gute Gesellschaft fördert Mitgefühl, Güte, Weisheit und Seelenfrieden. Sie verkörpert den inspirierenden Geist der Ermutigung.
- Vertraue im Umgang mit Menschen deiner Intuition. Welche Energie verströmen sie? Passt sie zu dir?
- Schenke dem Lehrer in dir dein Vertrauen, gestatte es dei-

nem natürlichen Selbstvertrauen, zu erblühen, und wisse, dass du dein eigener bester Freund sein kannst.

- Hüte dich vor negativer Gesellschaft, vor jenen, die dich in die Irre führen. Schütze dich vor deinen inneren mentalen Feinden, die dir sagen, dass du nicht gut genug bist, und dich daran hindern, dich zu strecken und zu wachsen.
- Bedenke: Nichts ist unmöglich, wenn wir den Weg gemeinsam gehen.

Ein Schritt führt zum nächsten

- Die Vergangenheit ist vorbei. Die Zukunft ist noch nicht da. Also beschäftige dich von ganzem Herzen mit dem Leben, wie es jetzt ist.
- Nutzt du deine Zeit klug? Bist du entspannt und auf deine Arbeit konzentriert? Oder bist du voll mit Sorgen, die du dir wegen gestern geschehener Dinge oder wegen bevorstehender Ereignisse machst?
- Das Heute ist die Quelle der Zukunft, also kümmere dich um die Gegenwart.
- Veränderung an sich ist gut, Veränderung bedeutet, dass alles möglich ist, und verleiht dem Leben einen faszinierenden Rhythmus.
- Warum solltest du Kontrolle über die Zeit erlangen wollen, da dies doch ohnehin unmöglich ist! Viel besser ist es, die Dinge ein wenig leichter zu nehmen.

Gehe leichten Fußes

- Wie der Buddha schon sagte: «Lass deine Fehlentscheidungen und Sorgen hinter dir zurück; belaste dich nicht mit ihnen.»

- Streiche «Ich sollte ...» aus deinem Wortschatz.
- Verzichte darauf, alles und jeden in Schubladen zu stecken. Je mehr Freiheit wir anderen gewähren, desto freier können wir selbst sein.
- Gib acht auf Gefühle wie Wut, Missgunst, Stolz und Begehren. Lasse dir von ihnen nicht den Geist vernebeln, und gestatte es ihnen nicht, dein Handeln zu bestimmen. Schiebe sie beiseite, um Platz zu schaffen für Liebe und Güte, Kreativität und Inspiration, Geduld und Toleranz.
- Höre auf, dich mit anderen zu vergleichen, dann wird es dir möglich sein, dich sowohl an deinem eigenen Erfolg wie an dem aller anderen zu erfreuen.
- Gehe nicht zu hart mit dir ins Gericht.

Mäßige deine Geschwindigkeit

- Schalte einen Gang herunter, und du wirst viele Gelegenheiten finden, um mit dem Leben in Kontakt zu treten – mit anderen Menschen, mit deiner Bestimmung, mit dir selbst.
- Genieße den Augenblick, und du wirst dein Leben auskosten.
- Bedachtsames Leben fördert Entspannung und dehnt die Zeit, sodass wir Großes schaffen.
- Wenn du langsamer trittst, dann hast du Zeit, anderen zu helfen. Sei nicht immer nur auf der Jagd nach deinem nächsten Ziel.
- Konzentriere dich immer nur auf eine Sache und genieße nur sie.
- Wenn du die Geschwindigkeit reduzierst und bedachtsamer wirst, dann kannst du deinem Wesenskern jede Frage stellen, wie schwierig sie auch sein mag, und du wirst die Antwort in dir hören.

Schule deinen mitfühlenden Geist

- Denke nach, entscheide und handle dann; so trainierst du deinen Geist. Unter dieser Voraussetzung kannst du das Leben führen, das du dir wünschst.
- Ein wenig Ruhe macht unsere Gedanken friedlicher.
- Mache dich mit den Dingen in deiner Umgebung, auf deinem Weg und in der Stille deines Zimmers vertraut.
- Sinne nach über das Auf und Ab deines Tages.
- Gestatte es deinem Geist, sich zu leeren und zu entspannen. Versuche nicht, ihn zu «flicken»; er hilft sich selbst, wenn ihm Raum gegeben wird.
- Habe keine Angst vor der Ruhe und der Stille; sie ist ein kühler, heilender Balsam.

Liebe und Güte im Alltag

- Wenn du dich in deiner eigenen Haut wohlfühlst, dann ist das die beste Voraussetzung für die Liebe.
- Liebe heißt Verstehen.
- Güte bewirkt Güte; sie wärmt und nährt die Seele. Wir haben die Wahl, ob wir unfreundlich zueinander sein wollen oder ob wir einander mit Ermutigung weiterhelfen. Wir treffen die Entscheidung.
- Liebe führt auf natürliche Weise dazu, dass du dich verletzlich fühlst. Daher ist es besser, du akzeptierst, dass die Zukunft ungewiss ist, setzt deinen Weg fort und gehst ein Risiko ein.

Großzügigkeit im Alltag

- Fang klein an. Es ist wichtiger, bedingungslos zu geben als in großen Mengen.
- Zwinge dich niemals dazu zu geben; finde etwas, das du von ganzem Herzen und voller Freude geben kannst.
- Gib im Stillen. Mache kein großes Aufheben davon.
- Wenn du nicht voll und ganz geben kannst, dann gib die Hälfte.
- Gib, was du kannst, egal ob es sich dabei um Wissen, Schutz oder Inspiration handelt.
- Denke jeden Tag darüber nach, wie du anderen helfen kannst, auf irgendeine kleine Weise. Übe dich in mentaler Güte, sei freigebig in deinen Gedanken und Worten.

Geduld im Alltag

- Demut öffnet Geist und Herz für die Lektionen, die das Leben dir bietet. Stolz hingegen muss sich fortwährend mitteilen, deshalb hat er Mühe, das zu hören, was ein anderer zu sagen hat.
- Du musst nicht in allem gut sein!
- Lass ab von deiner Wut, sei es auch nur für einen Augenblick, und schon hast du eine Bresche für die Geduld geschlagen. Versuche die Dinge aus einem anderen Blickwinkel wahrzunehmen, und suche lieber nach Lösungen statt nach Problemen.
- Geduld zu haben, setzt großen Mut voraus; ruhig zu sein, große Kraft. Du bist fähig, zu einem sehr verständnisvollen Menschen, einem wunderbaren Zuhörer zu werden.
- Geduld gibt uns in schwierigen Zeiten Kraft und macht uns demütig in Zeiten großen Erfolges.

Disziplin im Alltag

- Mit Freude in deinem Herzen können dich Fleiß und Disziplin weit auf deinem Weg voranbringen.
- Mit Inspiration und Hingabe halten wir uns an unsere Zielvorgabe, statt immer alles auf morgen zu verschieben.
- Solltest du größere Disziplin im Hinblick auf deine Ess- und Trinkgewohnheiten entwickeln wollen, dann konzentriere dich darauf, wie glücklich und zufrieden du dich am Ende des Tages fühlen wirst, weil du lauter natürliche, lebenswichtige Nahrungsmittel zu dir genommen hast, die deinen Körper mit Energie versorgen, ohne ihn zu schwächen.
- Gehe lieber einen Schritt nach dem anderen, statt dich zu einem gewaltigen Sprung zu zwingen. Zwang ist immer schlecht.
- Setze deinen Weg fort.

Mit Stress fertig werden

- Gelingt es dir, dich so anzunehmen, wie du bist, dich weniger vereinnahmen zu lassen und deine Erwartungen herunterzuschrauben, dann sollte sich auch der Stress verringern und seinen Griff lockern. Wunderbare Dinge können geschehen, wenn du ihnen Raum gibst und flexibel bist.
- Nutze Meditation und Kontemplation, um deinen Geist zu bremsen. Denke darüber nach, was in deinem Leben wirklich wichtig ist, und entscheide dich, diese Dinge allen anderen voranzustellen. Lerne, still zu sitzen, und dein natürliches Selbstvertrauen wird an deine Seite zurückkehren.
- Mach dich frei von Vorstellungen, die mit Gewinnen und Verlieren oder damit zu tun haben, dass du besser als andere sein musst. Tu *dein* Bestes.

- Klammere dich nicht an deine Fehler oder an Kritik. Habe den Mut, sie zu akzeptieren, lerne aus ihnen und setze deinen Weg fort.

Beziehungen

- Gib dir selbst die Freiheit, die du anderen gewährst.
- Gib deine Zweifel auf und konzentriere dich darauf, wie eine Beziehung dich fördern und unterstützen kann. Gib ihr genug Raum, und sie wird deine Weisheit und dein Mitgefühl zum Erblühen bringen.
- Dankbarkeit innerhalb von Beziehungen verleiht ihnen einen warmen Glanz. Frage dich, was deine Freunde wirklich brauchen, und schiebe deine eigenen Bedürfnisse beiseite. Deine Partnerin wird dich mit ihrem Lächeln und mit ihrer Zufriedenheit belohnen und dich ihrerseits fragen, was du brauchst.
- Sei du selbst, sei unabhängig, und höre aufmerksam zu, damit du dich in die Lage deines Partners versetzen kannst.
- Lehrt einander Respekt. Er ist das Fundament, auf dem wir Mitgefühl, Güte und Liebe errichten.

Wut

- Denke daran, dass Frieden der natürliche Zustand deines Geistes ist.
- Gelingt es dir, dich zu bremsen, dann wird sich deine Wut mit der Zeit verringern, und du wirst weniger zu Wutausbrüchen neigen.
- Untersuche deine Wut, erforsche ihre Auslöser, und beginne zu verstehen, woher sie kommt.
- Erinnere dich daran, dass Menschen im Wesentlichen alle

gleich sind. Auch wenn Menschen aus Unverstand handeln oder sprechen, können wir unserem Wesenskern treu bleiben; Hass vermag Hass niemals zu vertreiben.
- Sprich sanft und ruhig.

Furchtlosigkeit

- Angst ist der natürliche Begleiter von großen Erwartungen. Denke mehr darüber nach, was du heute tun wirst, und du wirst dir weniger Sorgen darüber machen, was morgen geschehen wird.
- Höre auf deine Ängste. Was teilen sie dir mit? Wo Ängste sind, da ist oft etwas, was dich zutiefst berührt. Sei freundlich zu dir. Wenn du Angst hast, dann könnte das ein guter Zeitpunkt sein, um zu handeln.
- Wenn du dich auf das Schlimmste vorbereitest, ja, wenn du den Tod erwartest und ihn akzeptierst, dann gibt es nichts mehr, was du noch fürchten musst. Dann bist du frei.
- Es ist menschlich, Fehler zu machen, sie sind ein Teil des Lebens – also lass dich nicht durch sie abschrecken.
- Sei weniger spontan. Probiere Dinge aus.
- Denke daran, dass Liebe und Inspiration dir deine Furchtlosigkeit bewahren.

Erleuchtung

Der Begriff «Erleuchtung» bedeutet Kraft, und mit dieser Kraft kannst du anderen nützen. Die meisten stellen sich vor, Erleuchtung bedeute, dass man wie eine Statue dasitzt, nichts tut und in höheren Regionen schwebt. Wenn du dieses Bild im Kopf hast, dann ist das keine Erleuchtung, sondern banales Ausscheiden aus dem Arbeitsleben. Diese Vorstellung ist ziemlich langweilig und ermüdend.

Erleuchtung ist das Ergebnis von «vollkommenem Verstehen» oder der Entwicklung von vollkommener Weisheit, vollkommener Liebe und unendlichem Mitgefühl. Das «Herz der Erleuchtung» wird als *Bodhichitta* bezeichnet, was «Herz des Verstehens» oder «Herz voll des Verstehens» bedeutet. Ein Buddha zu werden oder Erleuchtung zu erlangen heißt, du bist zu einem vollkommenen Wesen geworden, das über unendliche Kraft verfügt. Es ist keinesfalls leicht, diese Stufe der Vollkommenheit zu erreichen, doch uns allen steht es frei, den Weg zur Erleuchtung zu beschreiten und hier und da das eine oder andere zu verstehen. Wisse zu schätzen, was du erreichst, freue dich darüber, und sei ohne Erwartungen. Es ist nicht wichtig, ob jemand unfreundlich zu dir ist, ob dich jemand betrügt, und nicht einmal, ob man sich bei dir nicht bedankt. Indem du alles in deinem Umfeld wertschätzt, gute wie schlechte Erfahrungen, erlangt dein Leben Bedeutung, wird erfüllt von Verstehen, Freude, Kraft und Furchtlosigkeit.

Wir können in Höhlen sitzen, uns in die innere Einkehr zurückziehen und stundenlang meditieren. Es heißt, dass wir dadurch unser Verstehen entwickeln oder uns Wissen über unsere Erfahrungen in uns selbst und in unserem Geist erwerben. Doch wenn wir unser Verstehen und unser Wissen nicht in die Praxis umsetzen, dann ist alles, was wir gelernt und geübt haben, nichts als leere Worte. Wir müssen hinausgehen und helfen, in kleinen Schritten, jeden Tag, damit wir herausfinden können, wie viel Kraft wir haben. Diese Art der Lebensführung wird uns zugleich dabei unterstützen, die Kraft zu entwickeln. Wir können dem Leben entspannter gegenübertreten, haben dabei jedoch das Gefühl, dichter an unserer Bestimmung zu sein. Wir verfügen über Selbstvertrauen und akzeptieren uns als die Menschen, die wir sind; das hilft uns, uns zu kennen und zu wissen, dass wir gut genug sind. Wir hören auf, uns und andere in Schubladen zu stecken, und stattdessen gewähren wir uns genug Raum, um zu atmen und zu wachsen. Wir werden fähig sein, uns anzupassen, flexibel und gelassen zu sein. Wir verfügen über das Selbstvertrauen, um unser Bestes zu versuchen. Wir werden frei sein.

Ich habe keine besonderen Empfehlungen zu bieten, doch rate ich, sei mit Verständnis in deinem Alltag präsent. *Weil* der Weg vor dir liegt, ein wunderbarer Weg, wird dein Üben von Erfolg gekrönt sein. Das menschliche Leben ist äußerst kostbar, doch es muss sorgsam behandelt werden. Ich ermutige dich dazu, deine natürliche Energie zu kultivieren und dich immerfort zu überprüfen und deine Gedanken zu erforschen. Wir Menschen haben einen furchtbaren Dickkopf und sind nicht leicht zu beeinflussen, doch ich meine, jetzt ist die Zeit gekommen, um Gutes zu tun. Wir sind stark genug, um unsere Scheuklappen abzunehmen, und ich weiß, es ist genug Liebe für alle da. Habe Mitgefühl mit dir selbst, auch und gerade, wenn du auf deine Fehler und Pannen blickst. Wenn du dann feststellst, dass auch andere keineswegs vollkommen sind, dann bediene dich deines wachsenden Mitgefühls, um deine Wut und Frustration zu besänftigen. Lasse keinen Augenblick ab davon, dich darin zu üben. Leben heißt üben. Wie Buddha sagte: «Jetzt - alles liegt vollständig in deinen Händen.»

Ich hoffe von ganzem Herzen, dass diese Lektionen allen und auch mir helfen werden, Mitgefühl und Güte zu entwickeln und unser Leben fruchtbar zu machen. Ich halte Vorträge und schreibe und reise, weil ich die Schranken zwischen Menschen und in unserem Inneren einreißen möchte. Liebe kennt keine Bedingungen. Sie ist wie die Sonnenstrahlen, die auf die Erde treffen. Die Sonne scheint auf uns alle herab, doch es liegt an uns, ob wir uns und unsere Herzen dem Licht öffnen wollen.

Ich danke meinem guten Karma und all meinen Lehrern dafür, dass ich meinen Weg nicht in Einsamkeit gehen muss. Ich danke *euch*, mehr kann ich nicht sagen.

Der Weg, den wir beschreiten, ist eine ungewöhnliche Reise, die viele Generationen lang fortdauern wird. Nur wenige Menschen haben das Glück, diesen anspruchsvollen Weg zu entdecken, der zu höchstem Glück und höchster Freiheit führen wird. Einstweilen sind meine Worte hier, um dich zu begleiten, während wir miteinander gehen. *Gyalwang Drukpa*

FSC
www.fsc.org
MIX
Papier aus verantwortungsvollen Quellen
FSC® C083411

Das für dieses Buch verwendete FSC®-zertifizierte Papier *Lux Cream* liefert Stora Enso, Finnland.